Alexandra Dirk
Origami-Schachteln

Alexandra Dirk

Origami-Schachteln

Ravensburger Buchverlag

Einleitung

Mit der hier vorgestellten Origami-Technik kann man wunderhübsche Faltschachteln herstellen, die sich beispielsweise zum Verpacken von kleinen Geschenken und Mitbringseln, aber auch als dekorative Behältnisse zum Aufbewahren von Andenken, Knöpfen, Büroklammern und anderen Utensilien eignen.

Der Begriff „Verbindungs-Origami" umschreibt diese, wenn man so will „praktische" Variante der traditionellen Kunst des Papierfaltens wohl am treffendsten. Denn im Gegensatz zur klassischen Origami-Technik, bei der alle Figuren aus nur einem Blatt Papier entstehen, werden die Schachteln je nach Form aus drei, vier, sechs oder acht gleich großen Blättern hergestellt. Die Blätter werden einzeln gefaltet und durch Zusammenstecken miteinander verbunden.

Dieses Buch beschränkt sich auf Viereckschachteln, deren Boden und Deckel aus je vier Blättern bestehen. Sie eignen sich, was den Schwierigkeitsgrad betrifft, am besten dazu, Verbindungs-Origami leicht und mit schnellem Erfolg zu erlernen.

Entwickelt wurde die neue Technik von der in Japan sehr bekannten Origami-Meisterin Tomoko Fuse, die als die bedeutendste Künstlerin des modernen „Modular Origami" gilt. Diese von ihr bis zur Perfektion weiterentwickelte Technik basiert auf gleichartig gefalteten Teilelementen, durch deren anschließendes Ineinanderstecken dann komplexe geometrische Formen wie Würfel und Polyeder, aber auch die in diesem Buch vorgestellten hübschen Schachteln entstehen.

Ich selbst bin während einer Japanreise mit dieser Art des Papierfaltens in Berührung gekommen. Sie hat mich spontan so sehr fasziniert, daß ich sie sofort, noch in Japan, erlernt habe. Meine Begeisterung hat sich bis heute nicht gelegt; mit diesem Buch möchte ich sie Ihnen gern weitervermitteln.

Ihre Alexandra Dirk

Das Faszinierende an der Kunst des Papierfaltens ist, daß man wirklich nichts anderes braucht als Papier. Auch bei den Schachteln sind Hilfsmittel wie Schere oder Kleister überflüssig, denn die einzeln gefalteten Elemente werden nur durch Ineinanderstecken und einige Halteknicke fest und haltbar miteinander verbunden.
Um so mehr Bedeutung kommt daher der Wahl des richtigen Papiers zu, denn die Wirkung der gefalteten Schachteln wird nicht allein durch die Falttechnik, sondern vor allem auch durch die gezielte Papierauswahl in Hinblick auf Qualität, Farben und Muster bestimmt.

Papiere

Fast jede Art von Papier ist geeignet, solange es reißfest ist und sich problemlos falten läßt. Durch die Stärke des Papiers kann man die Festigkeit und damit Gebrauchsfähigkeit der Schachtel beeinflussen. Bei zu dünnem Papier kann auch mit doppeltem Blatt gearbeitet werden, oder das Originalblatt wird mit einem dünnen Blatt gefüttert, um eine größere Festigkeit zu erzielen. Generell gilt, daß für den Boden ein stärkeres Papier als für den Deckel gewählt werden sollte.
Neben den zahlreichen fertig zugeschnittenen Origami-Papieren, die es überall im Fachhandel gibt, können Sie jede Art von Geschenk- oder Altpapier verarbeiten. Durch die Verwendung von alten Notenblättern, Landkarten, Seiten aus alten Telefonbüchern, Schnittmusterbogen oder Zeitungspapier lassen sich viele originelle Effekte erzielen.
Die traditionellen Origami-Papiere sind in der Regel auf der Unterseite weiß, doch gibt es heute auch beidseitig gefärbte. Bei bestimmten Schachteln kommt das gefaltete Muster erst durch Verwendung eines solchen zweifarbigen Papiers richtig zur Geltung.
Die Schachteln in diesem Buch sind nur mit quadratischen Papieren herzustellen. Man kann verschiedene Größen wählen, wie zum Beispiel 10 x 10, 12 x 12, 15 x 15, 18 x 18, 20 x 20 cm usw. Für den Anfang ist jedoch die Größe 15 x 15 cm am günstigsten. Beim Zuschneiden eigener Papiere müssen Sie äußerst akkurat arbeiten, was mit der Schere nicht ganz einfach ist; ein maschineller Schnitt ist in jedem Fall zu bevorzugen.

Die Falttechnik

Zum Falten braucht man eine feste, ebene Unterlage. Es ist unerläßlich, sehr sauber und genau zu arbeiten, denn jede Ungenauigkeit multipliziert sich mit der Anzahl der Blätter. Die einzelnen Teile passen dann nicht ineinander, die Schachtel bekommt keinen Halt. Günstig ist, wenn jeder Faltschritt gleich bei allen vier Blättern wiederholt wird. Zum besseren Glattstreichen der Knicke können Sie ein Falzbein zu Hilfe nehmen.
Vor dem Zusammenstecken sollten Sie immer kontrollieren, ob alle Einzelteile gleich aussehen. Das Verbinden kann durch Verwendung von Büroklammern erleichtert werden. Beim Zusammenstecken des letzten mit dem ersten Teil muß besonders aufgepaßt werden.
Beginnen Sie bitte nicht mit einer Schachtel im hinteren Teil des Buches, weil Ihnen dort vielleicht eine besonders gut gefällt. Üben Sie zunächst die einfachen Modelle am Anfang.
Wichtig für das Endergebnis ist allerdings nicht nur die richtige Technik des Faltens, sondern auch ein Gefühl für das richtige Papier. Denn nicht jede Schachtel sieht mit jedem Papier gleich schön aus.

Die Faltanleitungen

In den Anleitungen ist gelegentlich von Berg- oder Talfalte die Rede. Das heißt: Wenn der Bruch einer wieder geöffneten Falte hoch liegt (/\), spricht man von einer Bergfalte, wenn er tief liegt (\/), von einer Talfalte.
Bei den Zeichnungen, die die einzelnen Faltschritte zeigen, ist folgendes zu beachten:

_ _ _ _ _ diese Linie wird gefaltet
________ diese Linie wurde bereits gefaltet.

Weiße Fläche = Papierunterseite.
Dunkle, gerasterte Fläche = Papieroberseite.
Auf diese Weise wird deutlich, mit welcher Seite das Papier auf der Arbeitsfläche liegt bzw. welche Teile des Papiers nach vorn umgefaltet liegen, oder umgekehrt.

1 2 3 4

Bei allen Schachteln muß der Boden etwas kleiner sein als der Deckel. Dennoch sind die Papiere für Boden und Deckel gleich groß. Die etwas kleineren Abmessungen des Bodens ergeben sich allein durch die Falttechnik.

Im folgenden werden drei Böden (Bild oben) vorgestellt, die alle ein unterschiedliches Muster auf der Unterseite zeigen. Jeder dieser Böden kann mit jedem der danach folgenden 12 Deckel-Variationen kombiniert werden. Die Wahl bleibt allein Ihnen überlassen.

Boden 1 kann aus Papieren der Stärken 70 bis 100 g/m² gearbeitet werden. Es gibt zwei Möglichkeiten des Zusammensteckens, die nochmals untereinander kombiniert werden können. Dadurch entstehen die unterschiedlichen Muster auf der Unterseite des Bodens.

Boden 2 sollte ebenfalls nicht aus zu dünnem Papier hergestellt werden, da die einzelnen Teile nur gering ineinandergreifen. Bei diesem Boden entsteht innen eine Art Flechtmuster.

Boden 3 ist eine Variante von Boden 2, nur daß die Spitzen innen umgelegt werden, um einen besseren Halt zu gewährleisten.

Faltanleitung Boden 1

Viermal arbeiten

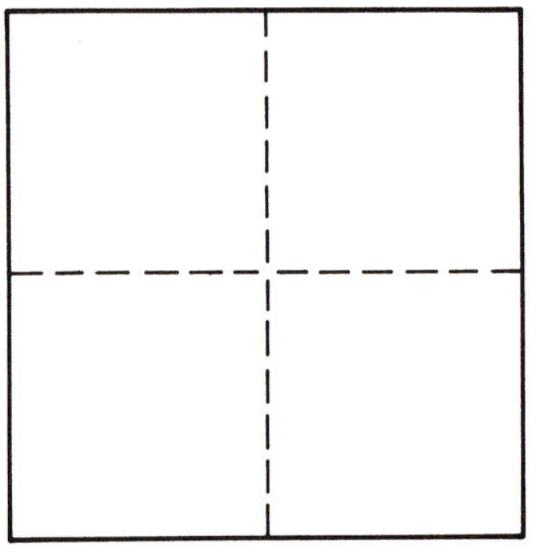

1. Mitte waagerecht und senkrecht falten und wieder öffnen.

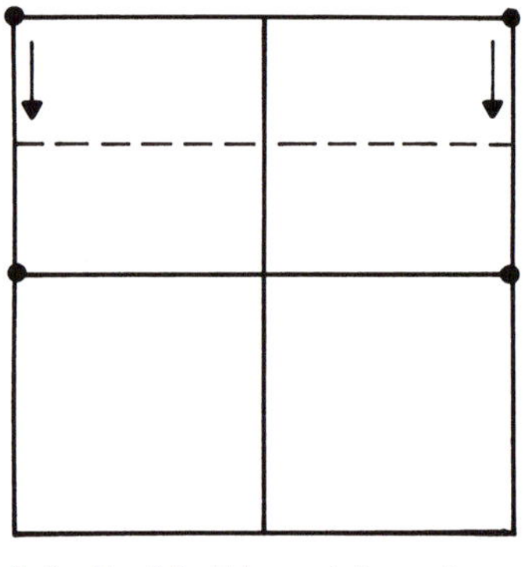

2. Punkt auf Punkt legen, falten und wieder öffnen.

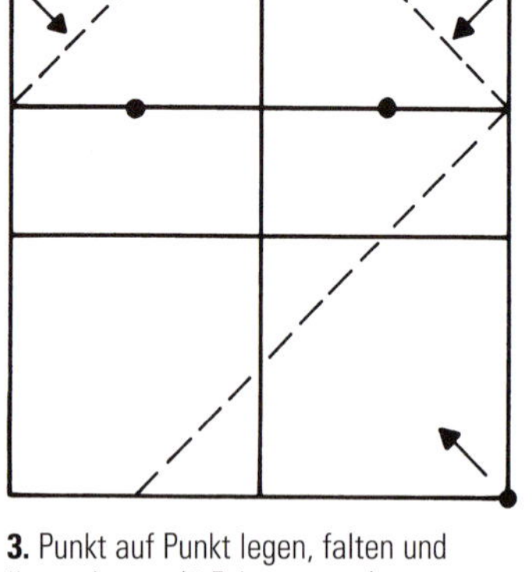

3. Punkt auf Punkt legen, falten und liegen lassen (3 Faltvorgänge).

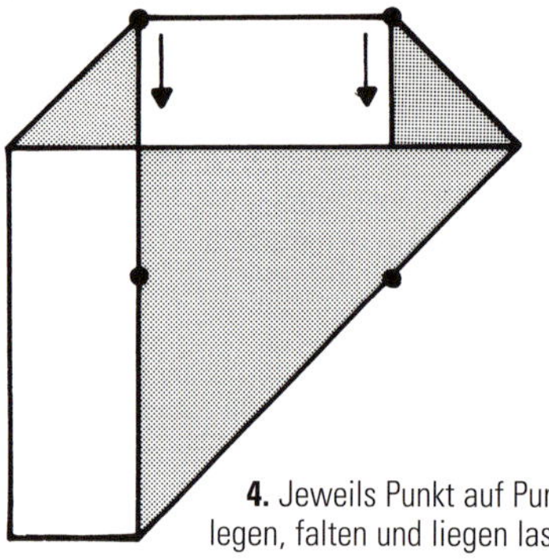

4. Jeweils Punkt auf Punkt legen, falten und liegen lassen.

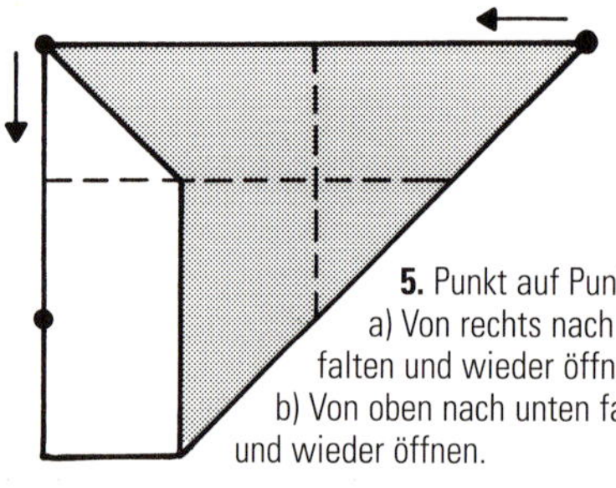

5. Punkt auf Punkt:
a) Von rechts nach links falten und wieder öffnen.
b) Von oben nach unten falten und wieder öffnen.

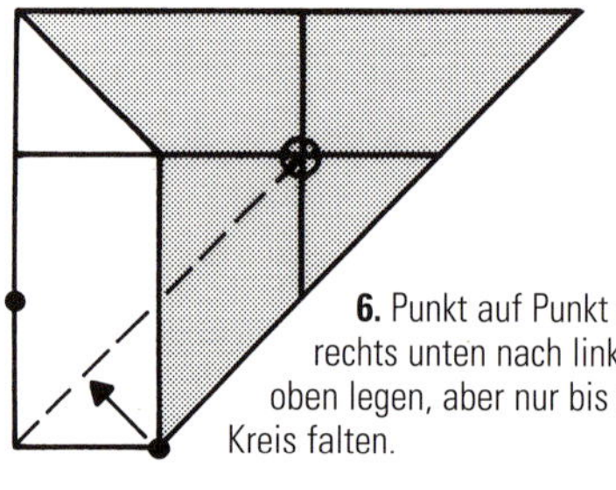

6. Punkt auf Punkt von rechts unten nach links oben legen, aber nur bis zum Kreis falten.

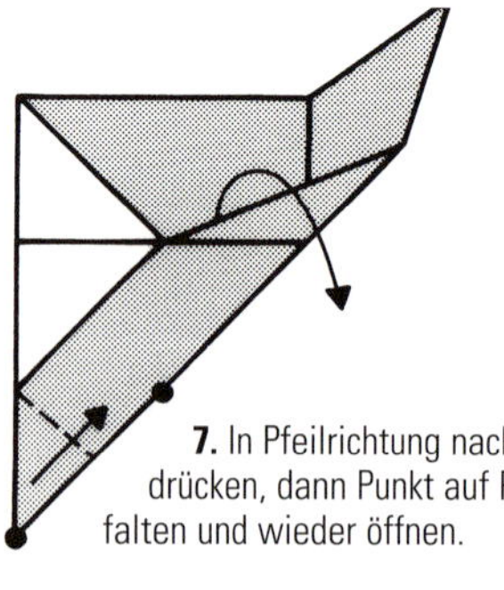

7. In Pfeilrichtung nach unten drücken, dann Punkt auf Punkt legen, falten und wieder öffnen.

Zusammenstecken von Boden 1

Die erste Möglichkeit: Schieben Sie jeweils das rechte Teil in das linke Teil. Dieser Vorgang ist noch dreimal zu wiederholen, bis alle vier Teile ineinanderstecken.

Die zweite Möglichkeit: Das linke Teil in das rechte Teil schieben. Dreimal wiederholen. Die dritte Möglichkeit besteht darin, daß zuerst nach Abb. 1, dann nach Abb. 2 verfahren wird. Beides einmal wiederholen.

Bei allen drei Möglichkleiten liegen zum Schluß innen vier Spitzen. Damit die Schachtel auch Halt bekommt, müssen Sie diese Spitzen an der vorgefalteten Linie, wie im Bild zu sehen, nach unten umlegen.

Faltanleitung Boden 2

Viermal arbeiten

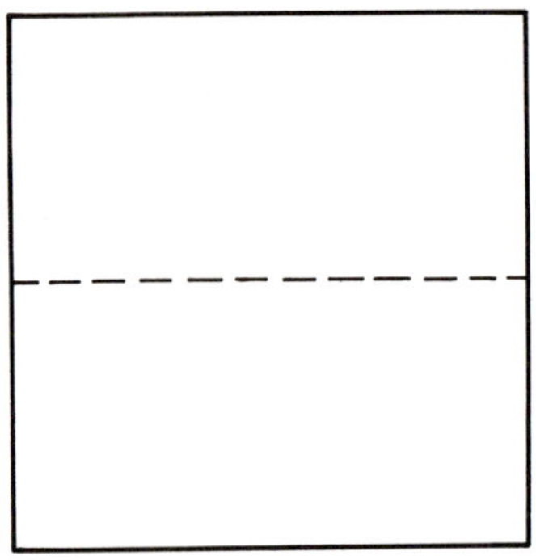

1. Mitte von oben nach unten falten und liegen lassen.

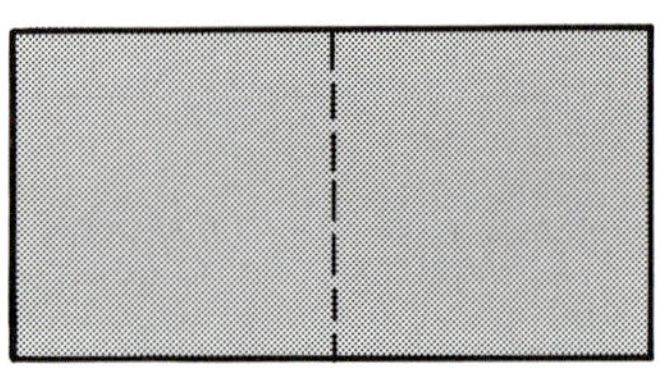

2. Mitte von links nach rechts falten und liegen lassen.

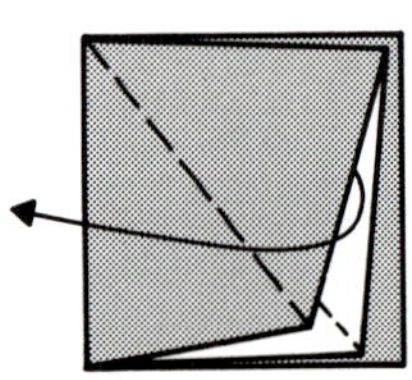

3. Die obere Lage öffnen und ein Dreieck bilden.

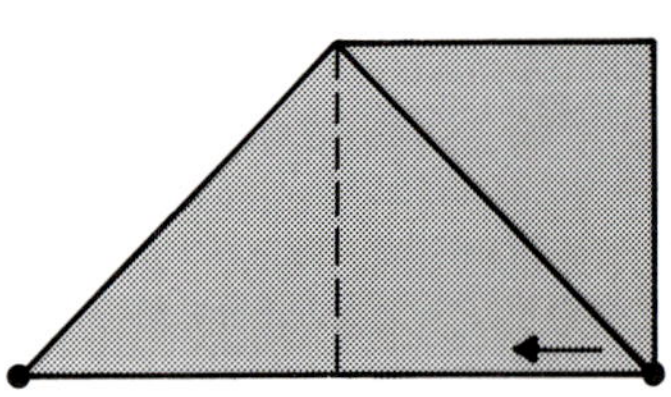

4. Nun die rechte Hälfte des Dreiecks nach links Punkt auf Punkt zurücklegen.

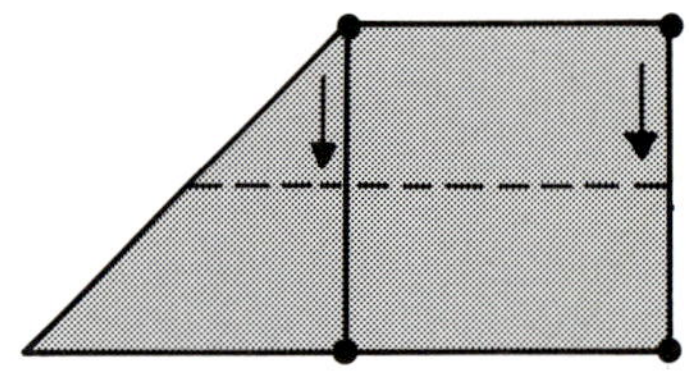

5. Punkt auf Punkt von oben nach unten legen, falten und wieder öffnen.

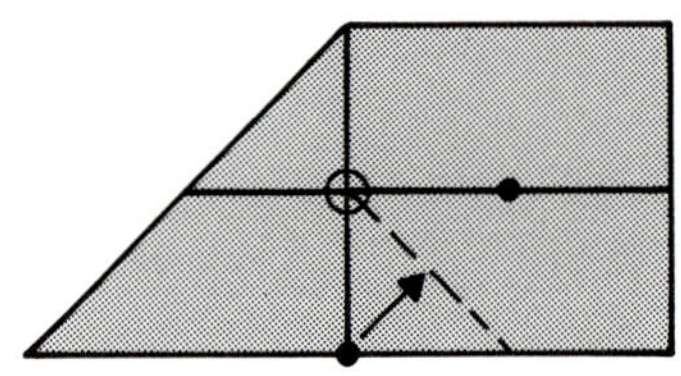

6. Punkt auf Punkt von unten nach oben legen, bis zum Kreis falten und liegen lassen.

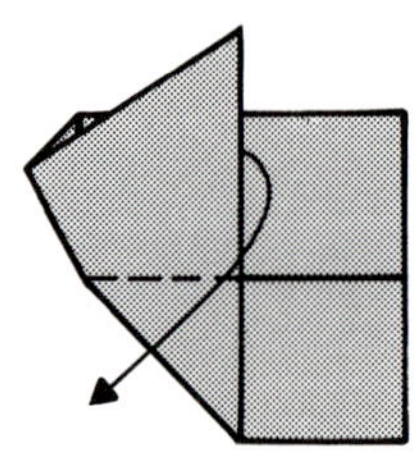

7. In Pfeilrichtung nach unten drücken.

Zusammenstecken von Boden 2

Bei diesem Boden gibt es nur eine Methode des Zusammensteckens. Es muß immer von rechts nach links, wie auf dem Bild zu sehen, geschoben werden. Die obere Spitze des rechten in das linke Teil schieben.

Achten Sie darauf, daß die unteren Spitzen unter der Arbeit, also auf der Unterseite des Bodens, liegen. Das Zusammenstecken dreimal wiederholen, bis alle vier Teile ineinanderstecken.

Damit der Boden auch Halt bekommt, müssen die auf der Unterseite des Bodens liegenden Spitzen an der Schräge nach innen umgelegt werden.

Faltanleitung Boden 3

Viermal arbeiten
Zuerst Seite 14 bis Schritt 5 arbeiten.

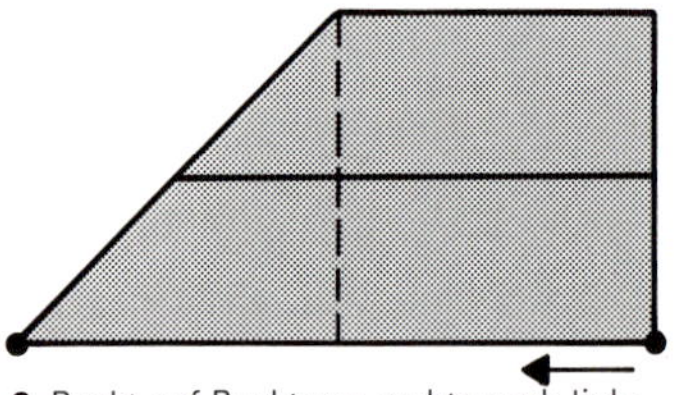

6. Punkt auf Punkt von rechts nach links legen und falten.

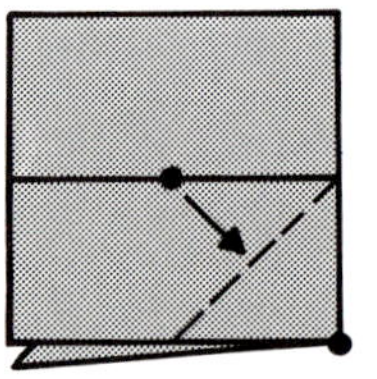

7. Punkt auf Punkt von oben nach unten legen und falten.

So sieht ein Einzelteil von Boden 3 aus, wenn alle Faltvorgänge abgeschlossen sind.

Zusammenstecken von Boden 3

Auch bei diesem Boden gibt es nur eine Möglichkeit des Zusammensteckens. Auch hier wird immer von rechts nach links geschoben. Die jeweils obere Spitze muß auf der Arbeit liegen bleiben.

Die Spitze unter der Arbeit wird von rechts nach links in das linke Einzelteil geschoben. Das Zusammenstecken dreimal wiederholen, bis alle Teile ineinanderstecken.

Um dem Boden Halt zu geben, werden die innen liegenden Spitzen wieder an der Schräge nach unten umgelegt.

Deckel-Variationen

Es ist wirklich erstaunlich, daß nur durch verschiedene Faltvorgänge und Möglichkeiten des Zusammensteckens 12 ganz unterschiedlich aussehende Deckel entstehen – für die immer gleiche Viereckdose. Hinzu kommen noch die vielen Variationsmöglichkeiten, die sich allein durch die gezielte Wahl des Papiers ergeben.

Die ersten drei Deckel-Modelle werden nach dem gleichen Faltvorgang gearbeitet. Die unterschiedlichen Muster entstehen, wie auch bei Boden 1, allein durch unterschiedliches Zusammenstecken.

Deckel 1 sollte aus zwei oder vier unterschiedlichen Papieren gefaltet werden.

Deckel 2 und 3 wirken am besten, wenn man einfarbige mit gemusterten Papieren mischt.

Da die Muster von Boden 1 und Deckel 1 bis 3 identisch sind, bietet es sich an, sie auch zusammen zu verwenden. Wenn dann noch das gleiche Papier und die gleiche Art des Zusammensteckens gewählt werden, entsteht eine besonders harmonische Kombination.

Deckel 4 ist eine Faltvariante der Deckel 1 bis 3. Hier kann nur auf eine Weise zusammengesteckt werden. Zusätzliche Muster kann man beim fertigen Deckel noch mit den obenliegenden Ecken gestalten.

Als Boden eignen sich alle drei auf den Seiten 10 bis 17 vorgestellten Modelle.

Faltanleitung Deckel 1 – 3

Viermal arbeiten

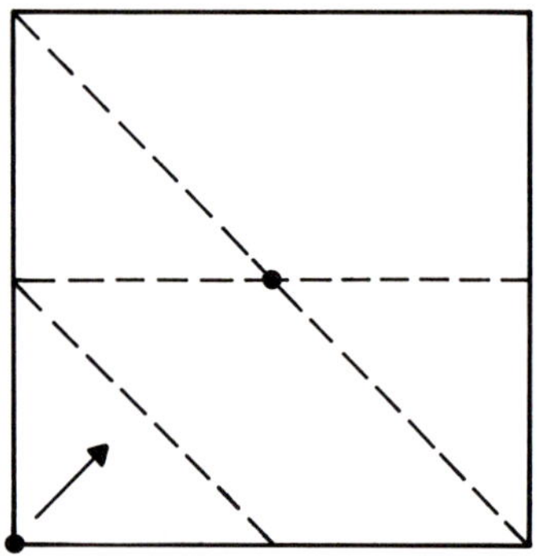

1. Mitte waagerecht falten und wieder öffnen, dann Punkt auf Punkt legen, falten und liegen lassen.

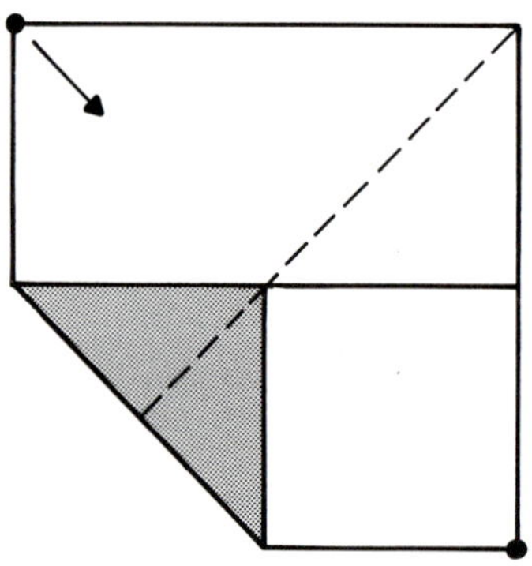

2. Punkt auf Punkt legen, falten und liegen lassen.

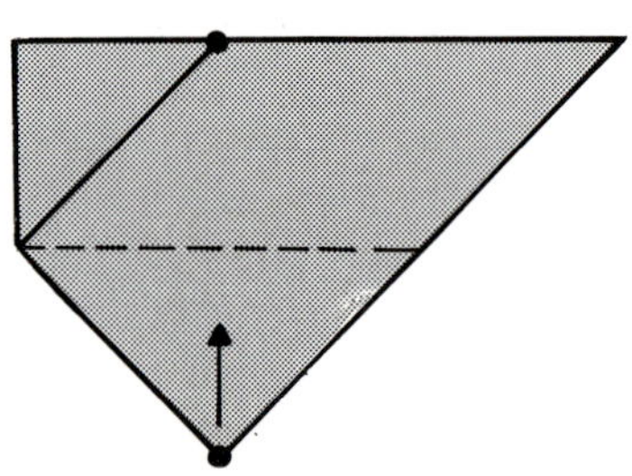

3. Diesen Schritt nur mit der obenliegenden Papierhälfte vollziehen. Punkt auf Punkt von unten nach oben legen, falten und wieder öffnen.

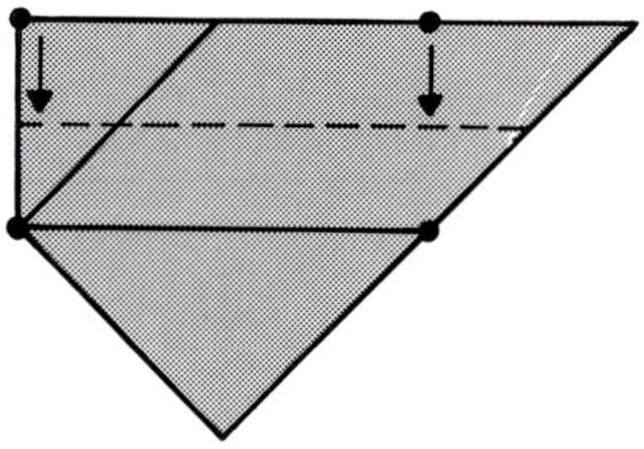

4. Punkt auf Punkt legen, falten und wieder öffnen.

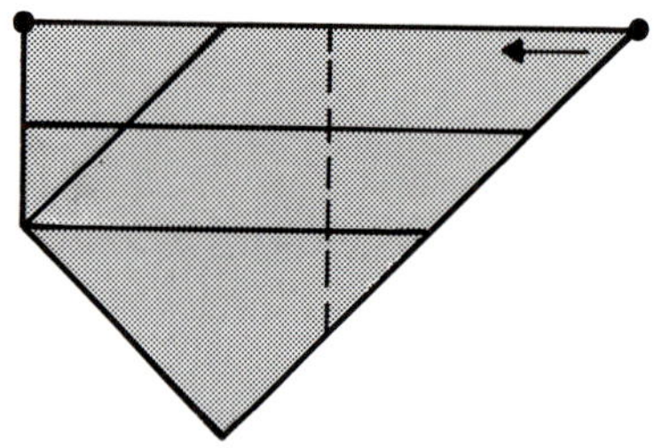

5. Punkt auf Punkt von rechts nach links legen, falten und wieder öffnen.

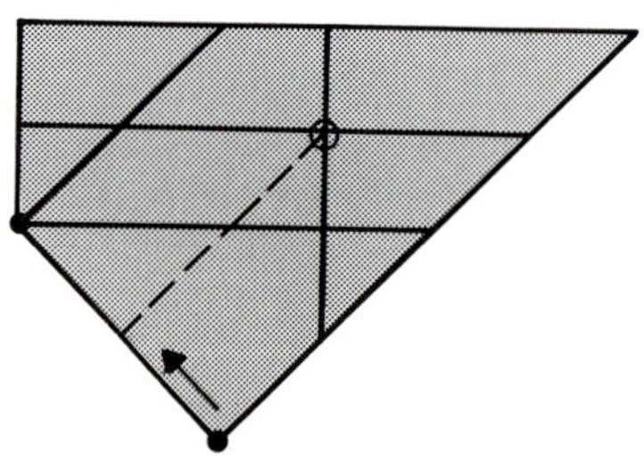

6. Punkt auf Punkt von unten nach oben legen, bis zum Kreis falten und liegen lassen.

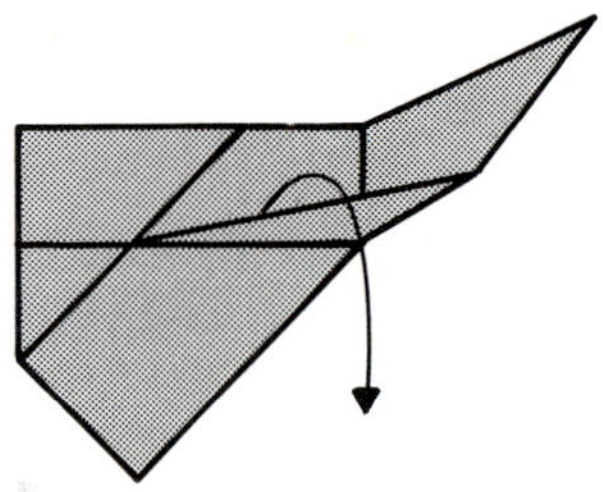

7.. In Pfeilrichtung nach unten drücken.

Zusammenstecken von Deckel 1

Deckelrand nach oben halten und das rechte über das linke Teil schieben. Dreimal wiederholen, bis alle vier Teile verbunden sind.

In der Innenseite des fertigen Deckels sieht man vier Ecken offen liegen. Da der Deckel aber einen guten Halt hat, wird nichts mehr umgelegt.

Auf der Außenseite des fertigen Deckels sind vier gleiche Dreiecke zu sehen. Hier kann sehr effektvoll mit Farben oder Mustern gespielt werden.

Zusammenstecken von Deckel 2

Bei diesem Deckel wird das rechte in das linke Einzelteil geschoben. Den Arbeitsgang dreimal wiederholen, bis alle vier Teile ineinanderstecken.

So sieht der fertige Deckel aus. Die vier Ecken werden durch die kontrastierenden Papiere besonders hervorgehoben. Das Muster in der Innenseite des Deckels ist dasselbe wie bei Deckel 1.

Zusammenstecken von Deckel 3

Hier werden die Arten des Zusammensteckens von Deckel 1 und Deckel 2 gemixt. Zuerst wird das rechte in das linke Teil geschoben.

Dann werden beide Teile nach links gedreht und das dritte Teil von rechts über das zweite Teil geschoben. Das vierte Teil wird wie das zweite Teil zusammengeschoben.

Das Muster auf dem fertigen Deckel (oben im Bild) zeigt zwei Streifen, die im Rand des Deckels verschwinden. Natürlich können auch alle Möglichkeiten des Zusammensteckens von Deckel 1, 2 und 3 untereinander gemischt werden. Der Deckel unten im Bild entstand auf diese Weise.

Faltanleitung Deckel 4

Viermal arbeiten
Zuerst Seite 20 bis Schritt 2 arbeiten.

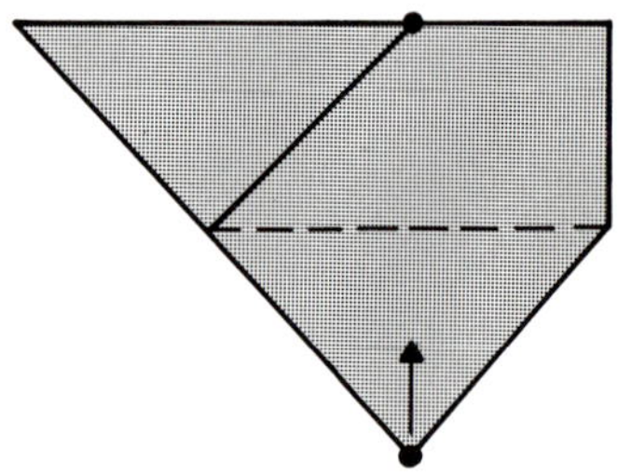

3. Diesen Schritt nur mit der obenliegenden Papierhälfte vollziehen. Punkt auf Punkt legen, von unten nach oben falten und wieder öffnen.

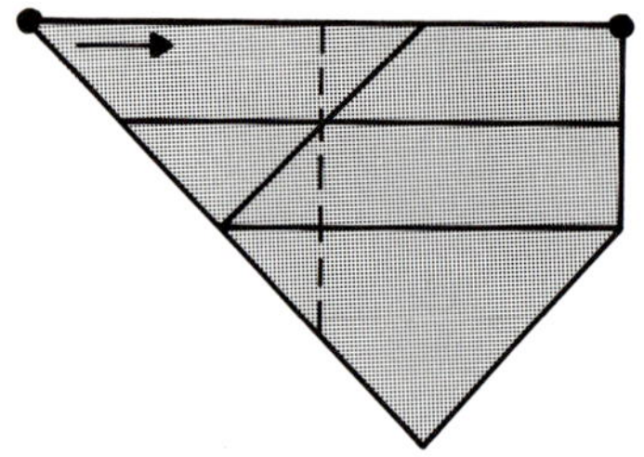

5. Punkt auf Punkt von links nach rechts legen, falten und liegen lassen.

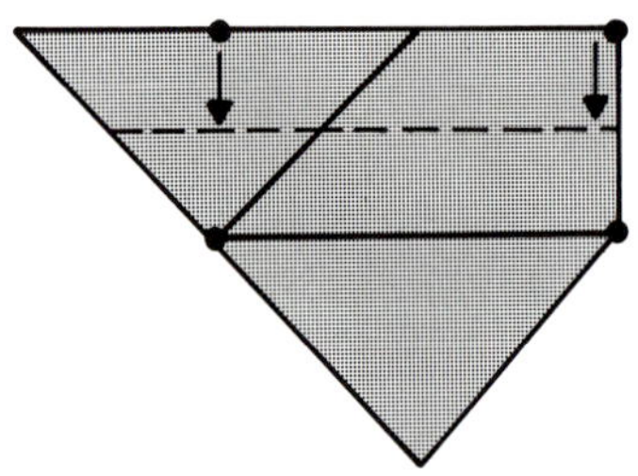

4. Punkt auf Punkt legen, falten und wieder öffnen.

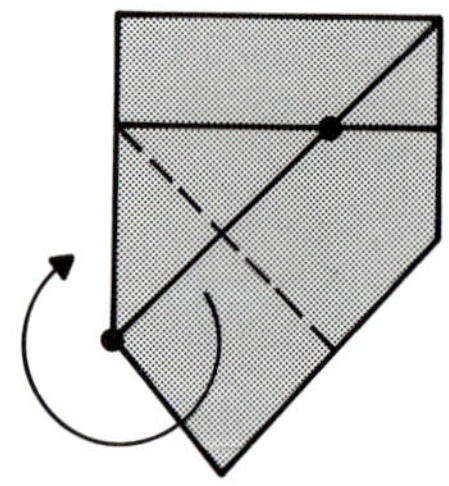

6. Punkt auf Punkt von unten nach oben zur Rückseite (siehe Pfeil) legen, falten und liegen lassen.

So sieht ein fertig gefaltetes Einzelteil von Deckel 4 aus.

Zusammenstecken von Deckel 4

Diesmal werden die Teile mit dem Deckelrand nach unten, zur Arbeitsplatte hin, gehalten. Das rechte Teil wird in das linke Teil geschoben. Dreimal wiederholen, bis alle vier Teile verbunden sind.

So sieht der fertige Deckel von außen aus. Die vier Ecken, bei den Deckeln 1 bis 3 auf der Innenseite liegend, sind jetzt außen sichtbar. Durch Veränderung dieser Ecken entstehen zusätzliche Muster.

Von innen hat Deckel 4 Ähnlichkeit mit der Außenseite von Deckel 2.

Deckel 5 bis 8 Bei diesen Deckel-Variationen sind die Anforderungen an Ihre Geschicklichkeit schon etwas höher. Dennoch: Wenn Sie die ersten vier Deckel einige Male gearbeitet haben, ist bereits eine gewisse Übung und damit eine größere Fingerfertigkeit vorhanden, so daß Sie sich ohne weiteres nun an die etwas schwierigeren Deckel-Modelle heranwagen können.
Wie auf den Abbildungen deutlich zu sehen, wirken die Muster viel plastischer als bei den ersten vier Deckeln. Außerdem kann hier jeweils auf der Deckelaußen- und der Deckelinnenseite ein voneinander unabhängiges Muster erarbeitet werden. Das geschieht nach dem Zusammenstecken. Die äußeren sowie die inneren Ecken werden dann nochmals bearbeitet. Dieses Weiterverarbeiten der Spitzen muß mit sehr viel Sorgfalt geschehen.
Die plastische Wirkung wird am besten mit Papieren zwischen 60 und 80 g/m² Gewicht erreicht. Mit diesen nicht zu starken Papieren lassen sich die etwas kniffligen Falt- und Formvorgänge am besten vollziehen.
Deckel 5 und 6 können aus ein, zwei oder vier verschiedenen Papieren gearbeitet werden. Dagegen sollten die Deckel 7 und 8 nur aus zwei unterschiedlichen Papieren hergestellt werden, weil sonst die Faltmuster nicht so gut zur Geltung kommen.

Faltanleitung Deckel 5 – 8

Viermal arbeiten

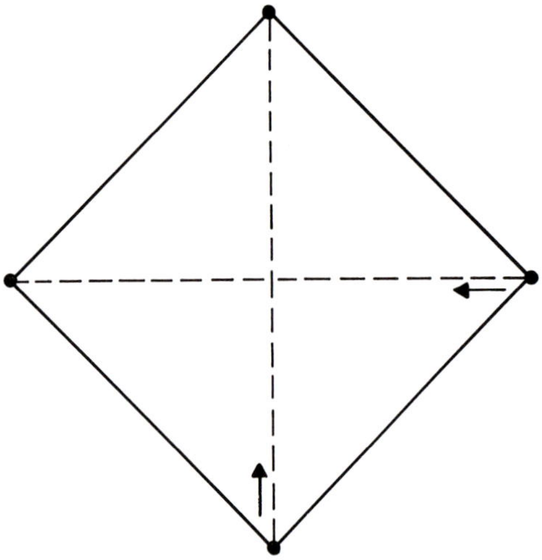

1. a) Punkt auf Punkt von rechts nach links legen, falten und wieder öffnen. b) Punkt auf Punkt von unten nach oben legen, falten und liegen lassen.

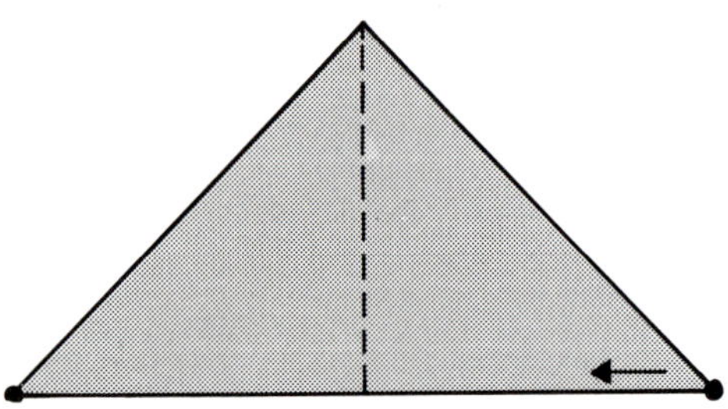

2. Punkt auf Punkt von rechts nach links legen, falten und wieder öffnen.

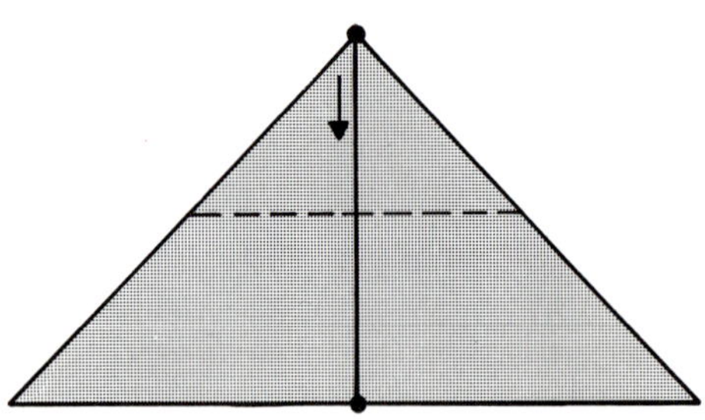

3. Nur mit der oben liegenden Papierhälfte ausführen: Punkt auf Punkt von oben nach unten legen, falten und wieder öffnen.

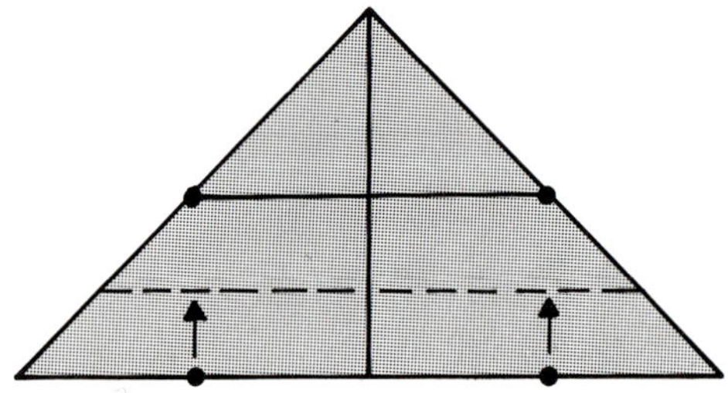

4. Punkt auf Punkt von unten nach oben legen, falten und wieder öffnen. Danach das Blatt zur Unterseite ganz öffnen.

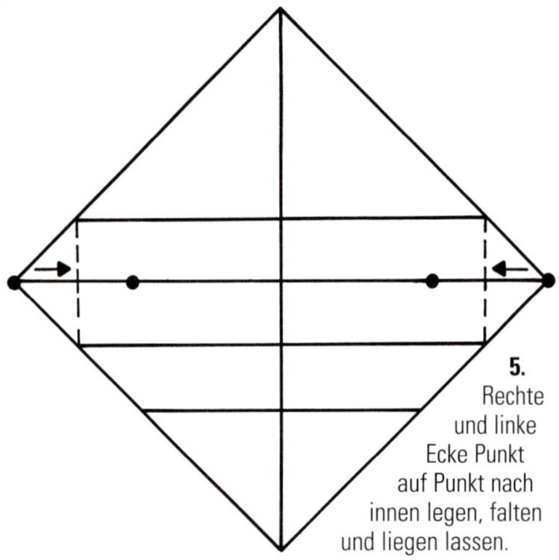

5. Rechte und linke Ecke Punkt auf Punkt nach innen legen, falten und liegen lassen.

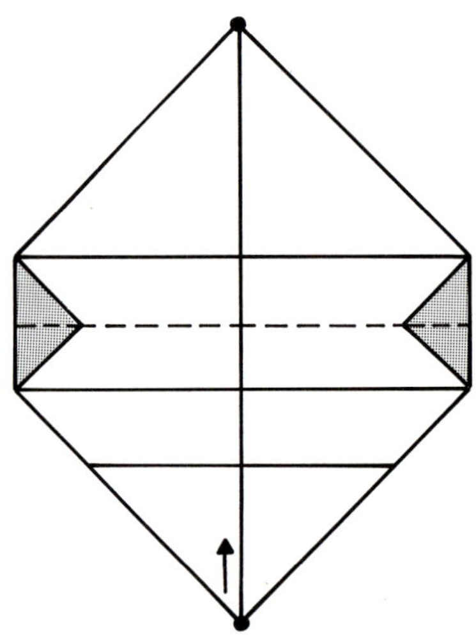

6. Punkt auf Punkt von unten nach oben zusammenlegen und liegen lassen.

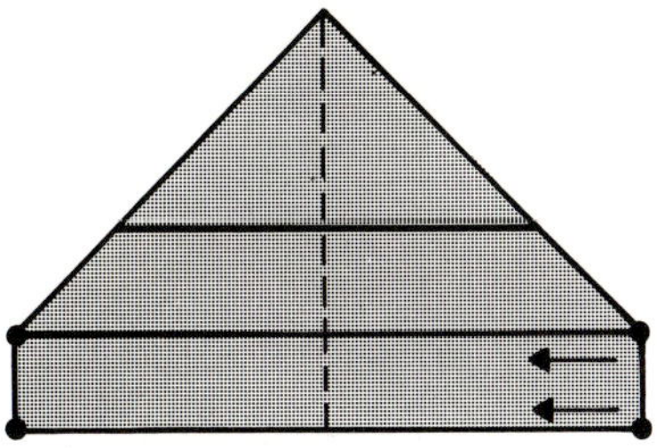

7. Punkt auf Punkt von rechts nach links legen, falten und liegen lassen.

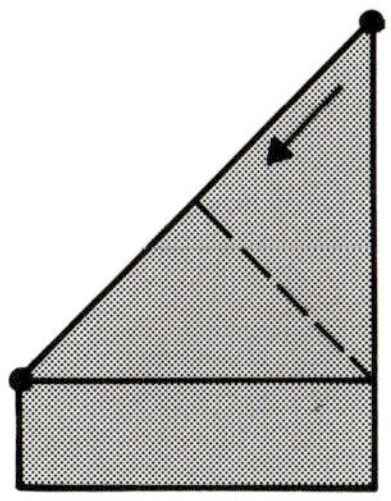

8. Punkt auf Punkt von oben nach unten legen, falten und liegen lassen.

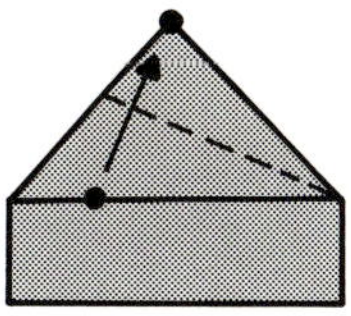

9. Nur das bei Schritt 8 nach unten gefaltete Teil Punkt auf Punkt von unten nach oben falten.

Nach dem Falten das fertige Einzelteil in die Hand nehmen, wie im Bild rechts zu sehen. Im oberen Blatt die Talfalte zur Bergfalte machen und nach rechts oben an den Rand legen. Das untere Blatt nach links legen (Bild rechts außen).

Nun werden beide Spitzen wieder zur Mitte zurückgelegt, und zwar so, wie es sich durch das Vorfalten ergibt.

Zusammenstecken von Deckel 5

Den Deckelrand nach unten halten und das rechte über das linke Teil schieben. Dreimal wiederholen, bis alle vier Teile ineinandergesteckt sind. Die oben- und untenliegenden Spitzen bleiben frei.

Bevor Sie weiterarbeiten, prüfen Sie, ob außen und innen je vier Spitzen liegen. Nun die Spitzen auf der Deckelaußenseite im Uhrzeigersinn übereinanderlegen. Die letzte unter die erste Spitze schieben.

Mit den innenliegenden Spitzen genauso verfahren. Sollten die zusammengelegten Spitzen zuviel Spannung haben, einfach etwas flacher drücken.

Zusammenstecken von Deckel 6

Alle vier Einzelteile wie bei Deckel 5 zusammenschieben. Dann die außenliegenden Spitzen im Uhrzeigersinn untereinanderlegen, so daß ein Quadrat aus vier Dreiecken entsteht.

Diese Dreiecke nun einzeln, wie im Bild zu sehen, im Uhrzeigersinn auf die mittlere Diagonale zurückfalten: die zweite Spitze über die erste usw. Bei diesem Vorgang sollte die Arbeit von innen mit der Hand unterstützt werden.

Die letzte Spitze wird wieder unter die erste gelegt. Dann mit den innenliegenden Spitzen ebenso verfahren, oder wie bei Deckel 5 beschrieben.

Zusammenstecken von Deckel 7

Wie bei Deckel 5 beschrieben, wird auch hier das rechte über das linke Teil geschoben. Dreimal wiederholen, bis alle Einzelteile zusammengesteckt sind. Zwei der sich gegenüberliegenden Spitzen auf der Außenseite nach unten legen, die anderen zwei darüber. Die beiden oberen Spitzen nun, wie bei Deckel 6 beschrieben, weiterverarbeiten.

Damit der Deckel auch Halt bekommt, schiebt man diese zwei neuen kleinen Spitzen nun untereinander, wie im Bild zu sehen. Die Spitzen in der Deckelinnenseite können nach Wahl weiterverarbeitet werden.

Zusammenstecken von Deckel 8

Damit nur eine Farbe rundum am Deckelrand sichtbar wird, muß beim Zusammenstecken gemischt werden. Also steckt man zuerst das zweite Teil von rechts in das erste Teil. Das dritte von rechts über das zweite. Das vierte wird wie das zweite verarbeitet.

Jetzt werden die vier Spitzen außen so gelegt wie bei Deckel 6. Diesmal jedoch nur zwei gegenüberliegende Spitzen auf die senkrechte Diagonale falten. Die umgelegten Spitzen dann nochmals zur waagerechten Diagonale falten.

Die nun sehr kleinen Spitzen untereinanderschieben, wie bei Deckel 7 beschrieben. Auf diese Weise entsteht ein besonders schönes Motiv, das allerdings etwas Geduld erfordert. Innen kann wie bei Deckel 5, 6 oder 7 gearbeitet werden.

Faltanleitung Deckel 9

Viermal arbeiten
Zuerst Seite 28/29 bis Schritt 8 arbeiten.

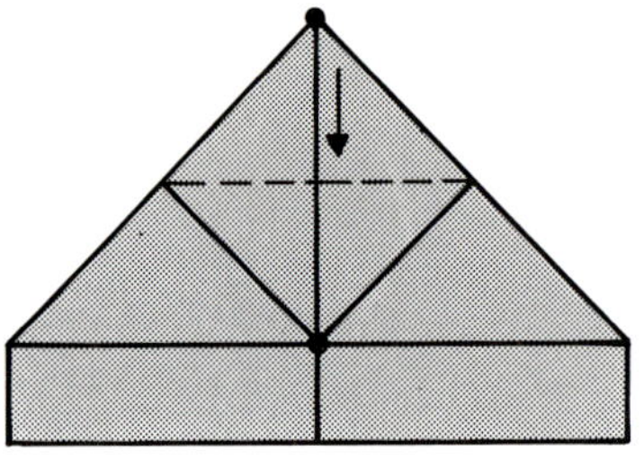

9. Nur mit der obenliegenden Papierhälfte ausführen: Punkt auf Punkt von oben nach unten legen, falten und liegen lassen.

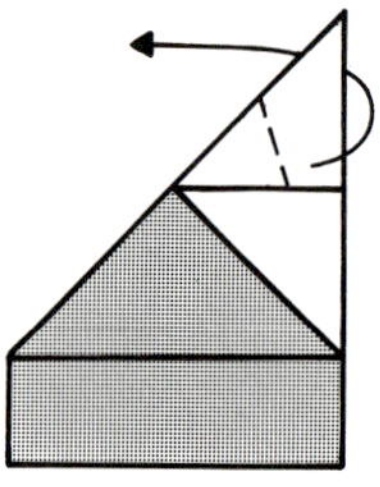

11. Nur mit der innenliegenden Papierhälfte ausführen: nach hinten falten, wie bei Schritt 9 auf Seite 29.

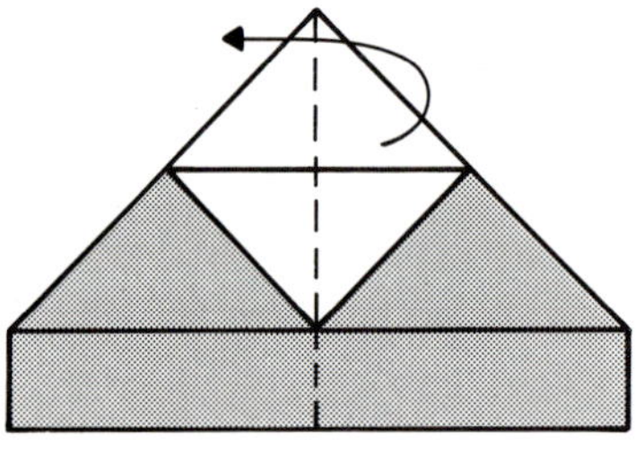

10. Nach hinten zusammenlegen.

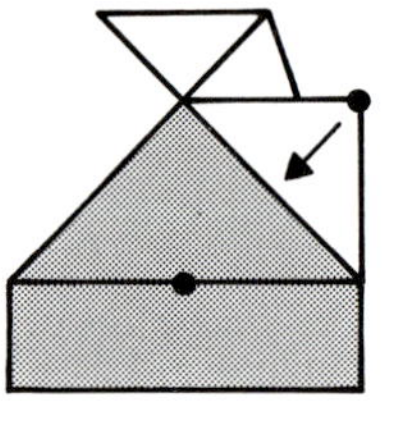

12. Punkt auf Punkt legen, falten und liegen lassen.

Deckel 9 (Bild rechte Seite). Hier ergeben sich ganz andere Effekte als bei den bisher gezeigten Modellen. Das an eine Schleife oder an ein Windrad erinnernde Motiv ist besonders dekorativ. Durch Farbwechsel wird diese Wirkung noch verstärkt. Hier sollte also immer mit zweifarbigem Papier gearbeitet werden; das heißt, Ober- und Unterseite des Papiers sollten jeweils in einer anderen Farbe oder mit einem anderen Muster bedruckt sein.

Vor Arbeitsbeginn sollte auch festgelegt werden, welche Farbe der Deckelrand haben bzw. in den auf der Außenseite liegenden Ecken zu sehen sein soll.

So sieht ein fertig gefaltetes Einzelteil von Deckel 9 aus. Deutlich zu erkennen: Die Unterseite des Papiers hat eine andere Farbe als die Oberseite.

Zusammenstecken von Deckel 9

Der Deckelrand wird auch diesmal wieder nach unten, zur Arbeitsfläche hin, gehalten. Damit mehr Halt entsteht, immer das rechte über das linke Teil schieben. Diesen Vorgang dreimal wiederholen, bis alle vier Teile verbunden sind.

Vor dem nächsten Schritt sollte das Ausgangsbild so aussehen. Damit die kleinen Dreiecke entstehen, werden die Spitzen wie bei Deckel 6 untereinandergelegt.

Nun werden diese Dreiecke, auch wie bei Deckel 6, wieder im Uhrzeigersinn auf die Diagonale gelegt. Bitte achten Sie darauf, daß Sie diesen Arbeitsgang von innen mit den Fingern unterstützen.

Die letzte Spitze wird wieder unter die erste geschoben. Damit genügend Halt entsteht, sollten sich die vier kleinen Spitzen in der Mitte treffen.

Der fertige Deckel von außen und innen. Durch die zusätzlichen großen Dreiecke auf der Außenseite entsteht innen kein Muster mehr.

Deckel 10

Bei diesem Deckel sollte immer mit zweifarbigem Papier gearbeitet werden. Die Farbe der Papierunterseite (im Bild: weiß) erscheint dann als Stern auf der Deckelaußenseite. Vor Arbeitsbeginn müssen Sie sich also entscheiden, wie die beiden Farben des Papiers auf der Außenseite des Deckels zu sehen sein sollen. Innen entsteht kein Muster.

Deckel 11

Auch bei dieser Deckel-Variante sollte mit zweifarbigem Papier gearbeitet werden. Vor Arbeitsbeginn muß auch hier die Papieroberseiten- bzw. die Unterseitenfarbe bestimmt werden. Bei der Schachtel im Bild sieht man unter dem Stern die Farbe der Unterseite. Innen entsteht kein Muster.

Deckel 12

Von den auf dieser Seite abgebildeten Varianten ist dieser Vorschlag der wirkungsvollste. Alle drei Deckel werden sehr ähnlich gefaltet und haben innen kein Muster. Durch Kombinieren der Zusammensteck-Methoden bzw. durch verschiedene Papiere können zusätzliche Muster entstehen, wie im Bild auf der rechten Seite zu sehen.

Faltanleitung Deckel 10

Viermal arbeiten
Zuerst Seite 28 bis Schritt 9 arbeiten.

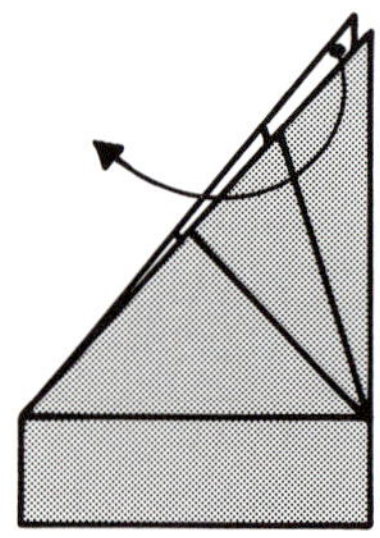

10. Nur die innenliegende Papierhälfte nach vorn falten.

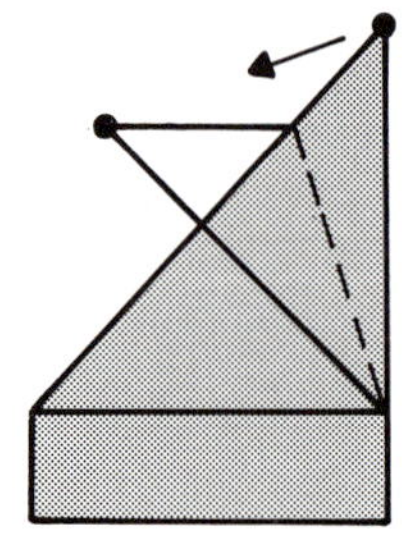

11. Punkt auf Punkt von rechts nach links vor die Arbeit legen.

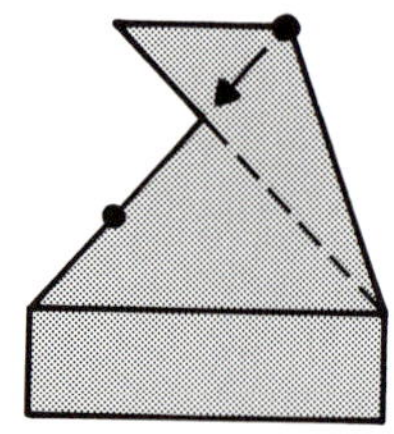

12. Punkt auf Punkt von oben nach unten legen und liegen lassen.

Zusammenstecken von Deckel 10

Es wird wie bei Deckel 5 zusammengesteckt oder wie bei Deckel 8 beschrieben gemischt. Da innen kein Muster entsteht, liegen außen immer zwei Spitzen übereinander. Die oberen Spitzen werden nun wie bei Deckel 6 bearbeitet.

Faltanleitung Deckel 11

Viermal arbeiten
Zuerst Seite 28 bis Schritt 9 und
Seite 40 Schritt 10 arbeiten.

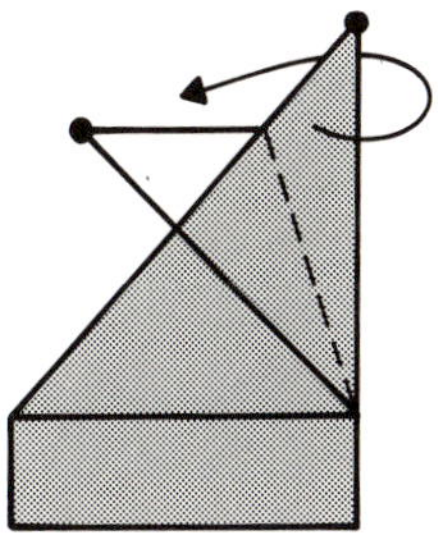

11. Punkt auf Punkt von rechts nach links hinter die Arbeit legen.

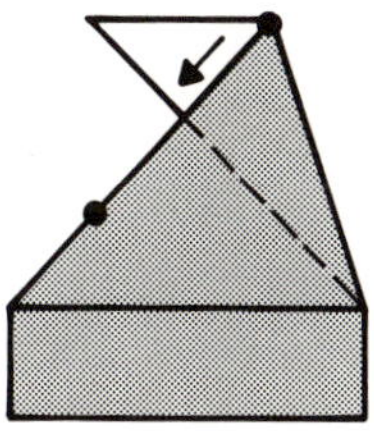

12. Punkt auf Punkt von oben nach unten legen und liegen lassen.

Zusammenstecken von Deckel 11

Auch hier kann wie bei Deckel 5 zusammengesteckt werden. Zusätzliche Muster können wieder durch verschiedenfarbige Papiere entstehen. Werden nun noch verschiedene Arten des Zusammensteckens gemischt, können einzelne Farben besonders betont werden. Nach dem Zusammenstecken wird wie bei Deckel 10 weitergearbeitet.

Faltanleitung Deckel 12

Viermal arbeiten
Zuerst Seite 28 bis Schritt 9 und
Seite 40 bis Schritt 12 arbeiten

13. Nur mit der obenliegenden Papierhälfte ausführen: Punkt auf Punkt von links nach rechts legen und diese kleine Spitze dann wie eine Tüte öffnen.

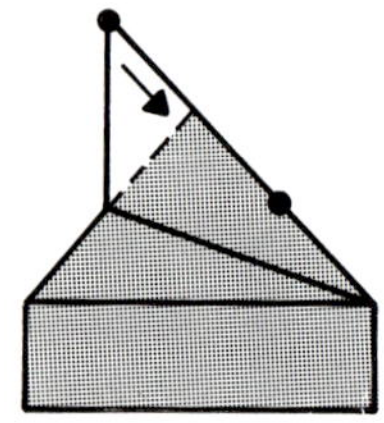

Zusammenstecken von Deckel 12

Rechts im Bild ein Einzelteil, bei dem die Unterseitenfarbe (rot) an der oberen Spitze außen liegt. Bei dem Einzelteil links im Bild liegt die Unterseitenfarbe (gelb) in der Spitze. Um das zu erreichen, muß bei Schritt 10 des Faltvorgangs die innenliegende Spitze gewendet werden.

Zusammengesteckt werden kann wie bei den Deckeln 10 und 11 erklärt. Die geöffneten Spitzen an den Einzelteilen sollten vorher wieder flach gedrückt werden, damit das Papier nicht einreißt. Zum Schluß dann wieder öffnen.

Flache Viereckschachtel

Die Besonderheit dieser Schachtel (s. Bild Seite 43) ist, daß der Boden und der Deckel gleich hoch sind. In geschlossenem Zustand ist der Rand des Bodens also vom Deckelrand vollkommen verdeckt.

Damit Deckel- und Bodenrand die gleiche Höhe haben, werden Deckel und Boden nicht, wie bei den bisherigen Schachteln, auf unterschiedliche Weise gefaltet; beide werden vielmehr nach der gleichen Falttechnik hergestellt. Für den Boden ist pro Einzelteil lediglich eine zusätzliche Faltung notwendig, damit der fertige Boden etwas kleiner wird als der Deckel.

Sie sollten immer mit zweifarbigem Papier (Ober- und Unterseite verschieden gefärbt) arbeiten, damit die Schönheit der Muster voll zur Geltung kommt. Außen wie auch innen kann ein zusätzliches Muster entstehen, wenn nicht mit vier gleichen, sondern mit je zwei verschiedenen zweifarbigen Papieren gearbeitet wird. Die auf Seite 43 abgebildeten Beispiele zeigen einige Möglichkeiten, welche Effekte man dadurch erzielen kann.

Vor Arbeitsbeginn sollten Sie auch hier unbedingt die Papierober- bzw. die Papierunterseite bestimmen.

Faltanleitung flache Viereckschachtel (Boden und Deckel)

Viermal arbeiten

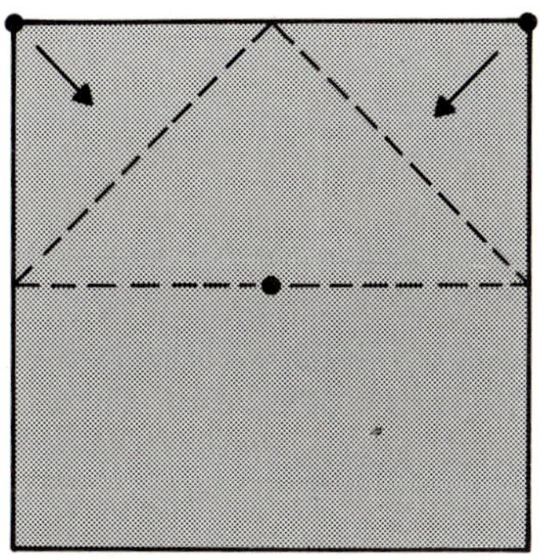

1. Mitte falten, dann Punkt auf Punkt die oberen beiden Ecken zur Mitte legen und liegen lassen.

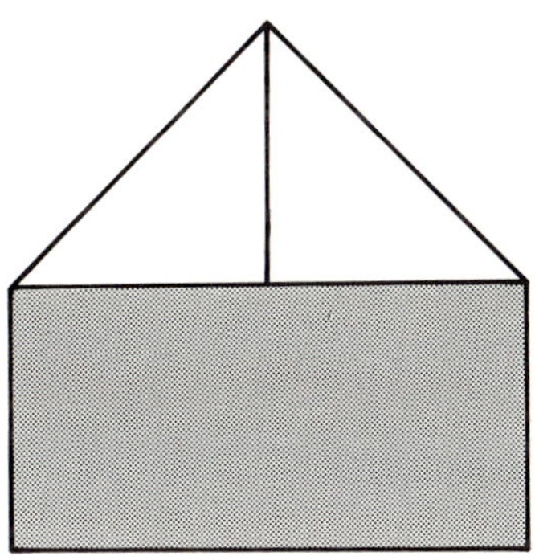

2. Die Arbeit zur Rückseite wenden.

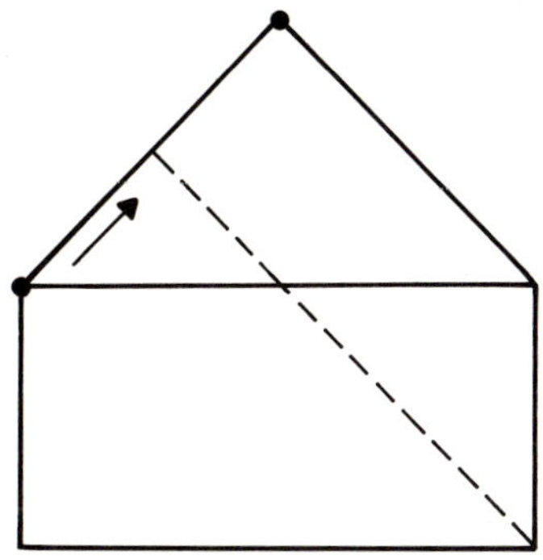

3. Punkt auf Punkt von unten nach oben legen, falten und wieder öffnen.

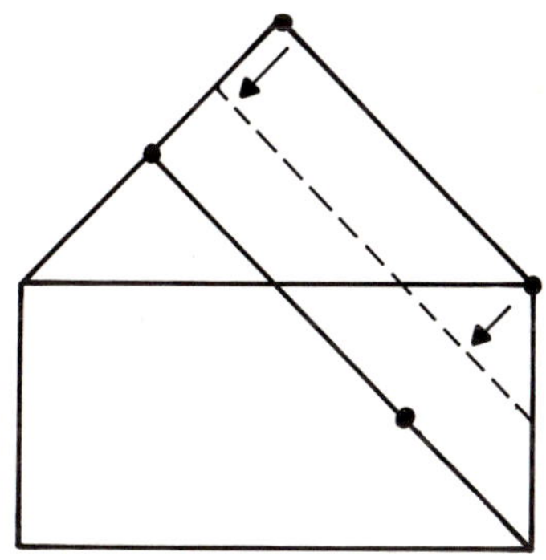

4. Nur mit der obenliegenden Papierhälfte ausführen: Punkt auf Punkt von oben nach unten legen, falten und liegen lassen.

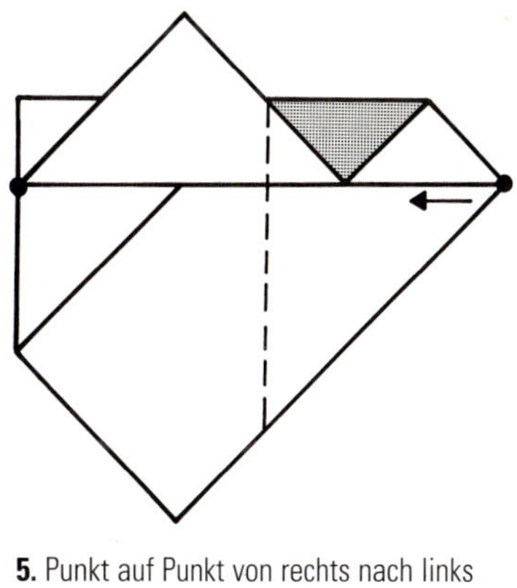

5. Punkt auf Punkt von rechts nach links legen, falten und liegen lassen.

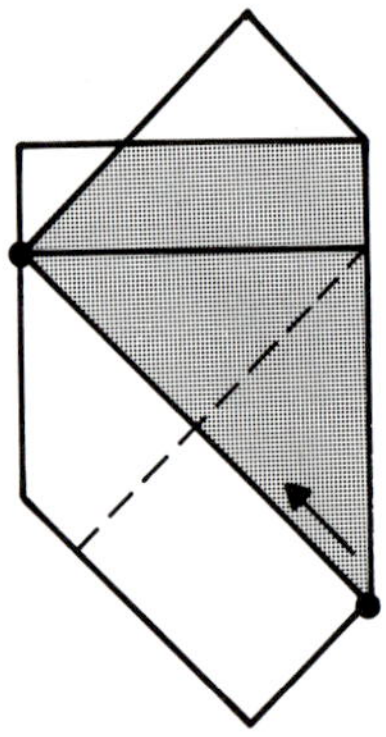

6. Punkt auf Punkt von unten nach oben legen, falten und bis Schritt 5 wieder öffnen.

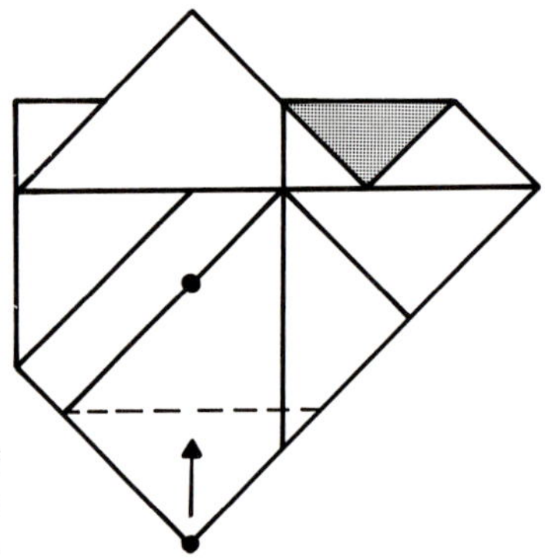

7. Die untere Spitze Punkt auf Punkt nach oben legen, falten und liegen lassen.

Formen

Nach dem Falten folgen einige Formvorgänge. Die senkrechte Mittellinie von rechts nach links oben an den Rand legen und liegen lassen, wie im Bild links außen zu sehen. Dann vom Rand wieder nach unten legen, damit ein Winkel entsteht (s. linkes Bild).

Nun die immer noch hochstehende Spitze ebenfalls nach unten legen; dabei entsteht ganz von selbst in der Ecke eine kleine Tüte. Das Bild rechts außen zeigt das fertig geformte Einzelteil.

Boden

Für den Boden wird nach Schritt 7 des Faltvorgangs rechts eine zusätzliche Linie gefaltet. Als Anhaltspunkt für den Abstand von der Papierkante dient das umgelegte Dreieck an der senkrechten Mittellinie, wie im Bild deutlich zu sehen.

Zusammenstecken

Immer das rechte über das linke Teil schieben. Dabei den Rand nach oben halten und darauf achten, daß die Spitze in der Schachtelmitte von links in das rechte Teil rutscht. Dreimal wiederholen, bis alle vier Teile zusammengesteckt sind.

Beim Zusammenstecken müssen Sie sehr sorgfältig vorgehen, da der Größenunterschied zwischen Boden und Deckel nur sehr gering ist; Ungenauigkeiten wirken sich sofort auf die Paßgenauigkeit von Deckel und Boden aus. Deckel wie Boden haben jeweils innen und außen das gleiche Muster.

Hohe Viereckdose

Hier kommt eine ganz neue Form ins Spiel. Alle bisher gezeigten Viereckschachteln, so unterschiedlich sie durch die variierenden Falttechniken und die verschiedenen Möglichkeiten des Zusammensteckens – und natürlich durch die Wahl des Papiers – auch aussehen, hatten immer die gleiche, quadratische Grundform.

Die auf den folgenden Seiten vorgestellte Dose ist zwar auch „nur" viereckig und quadratisch, hat aber dennoch eine ganz eigene Form: Der Boden wird nach oben hin breiter bzw. verjüngt sich nach unten, d.h. die Fläche, auf der die Schachtel steht, ist kleiner als der Rand oben, auf dem der Deckel aufliegt. Der Deckel, dessen Seiten sich ebenfalls verjüngen, wird nicht wie bei den anderen Schachteln über den Boden gestülpt, sondern einfach aufgelegt. Diese besondere Form verleiht der Dose eine fast elegante, sehr dekorative Wirkung.

Allerdings hat die Schachtel einen höheren Schwierigkeitsgrad als die bisher gezeigten. Sie sollten also keinesfalls mit ihr beginnen, sondern unbedingt erst mit den einfacheren Modellen üben, bis Sie eine gewisse Routine erreicht haben. Damit Ihnen aber auch hier der Erfolg

sicher ist, werden die einzelnen Schritte besonders ausführlich dargestellt.
Boden und Deckel entstehen wiederum nach zwei unterschiedlichen Falttechniken. Wegen der größeren Höhe des Bodens sollten Sie nur Papiere ab 90 g/m² Gewicht verwenden. Für den Deckel ist eine Papierstärke zwischen 70 und 80 g/m² ausreichend.

Besondere Effekte können Sie erzielen, wenn Sie für den Deckel mehrere Papiere unterschiedlicher Farbe und Qualität verwenden, z. B. glänzende Papiere mit matten oder gemusterte mit einfarbigen Papieren kombinieren.

Faltanleitung hohe Viereckdose (Boden)

Viermal arbeiten

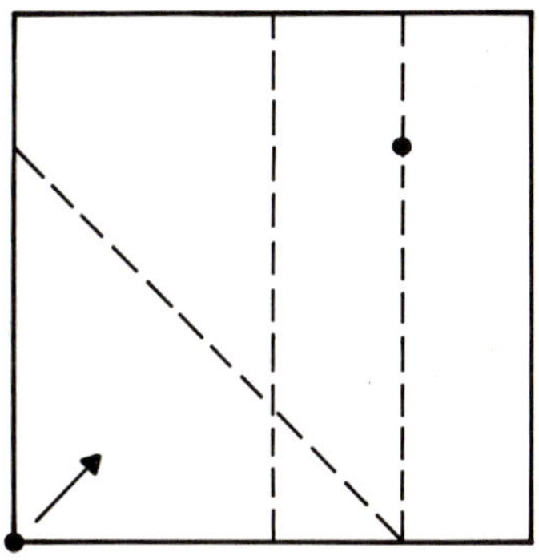

1. Senkrecht die Mitte und ein Viertel falten, dann Punkt auf Punkt von unten nach oben legen, falten und liegen lassen (3 Faltvorgänge).

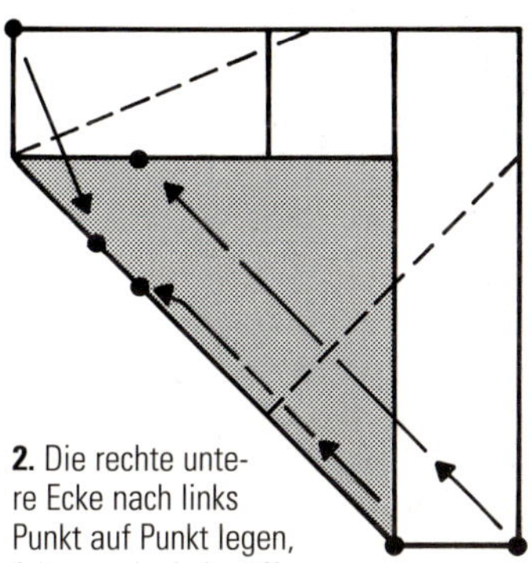

2. Die rechte untere Ecke nach links Punkt auf Punkt legen, falten und wieder öffnen.
Die linke obere Ecke Punkt auf Punkt nach unten legen, falten und dann unter die Ecke von Schritt 1 legen (2 Faltvorgänge).

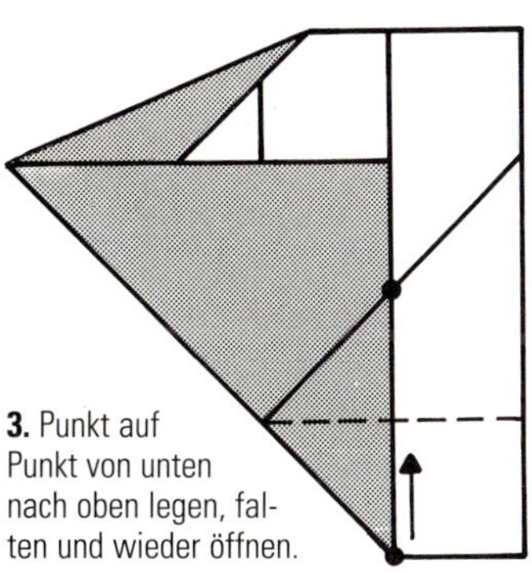

3. Punkt auf Punkt von unten nach oben legen, falten und wieder öffnen.

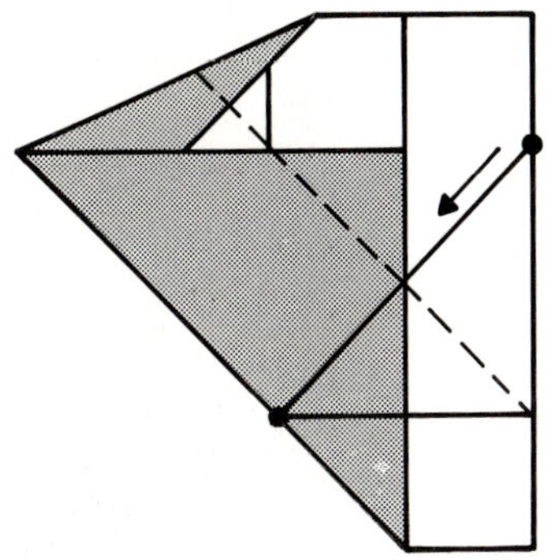

4. Punkt auf Punkt von oben nach unten legen, falten und wieder öffnen.

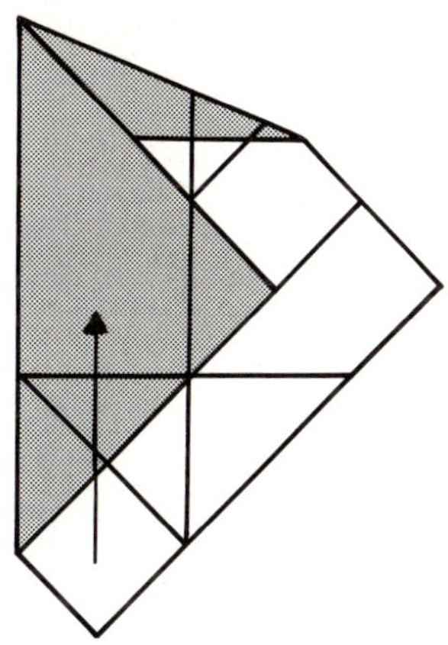

5. Diese schon gefaltete Linie nach oben legen und liegen lassen.

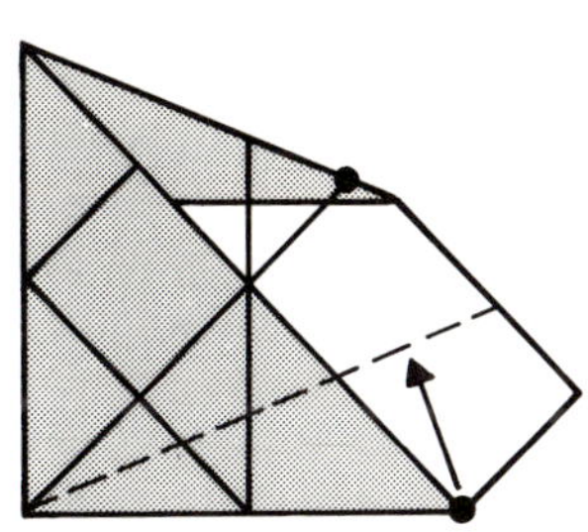

6. Punkt auf Punkt legen, falten und liegen lassen.

Formen des Bodens

Nach Schritt 6 des Faltvorgangs folgen für jedes Einzelteil einige Formvorgänge. Zunächst die Blatthälfte mit der oberen Spitze nach unten wenden.

Jetzt wird das obenliegende Teil an der schon gefalteten Linie nochmals nach unten und nach oben nachgefalzt.

Danach wird das Teil gewendet, wie auf dem Bild zu sehen. Es liegt jetzt auf der Rückseite.

Nach dem Wenden wird nun eine Linie an der linken Seite gefaltet: Auf dem Bild wird diese Linie mit der linken Hand gehalten.

Damit der Boden ausreichenden Halt bekommt, müssen einige der bereits gefalteten Linien nochmals nachgefalzt werden. Zuerst die Linien von unten nach oben, wie auf dem Bild zu sehen.

Dann von links nach rechts zusammenlegen und alle Linien kräftig nachfalzen.

Um den Formvorgang so deutlich wie möglich zu machen, wurde bis hier zweifarbiges Papier (Oberseite orange, Unterseite weiß) verwendet. Auf der nächsten Seite geht's mit dem durchgefärbten Papier des fertigen Modells von Seite 48 weiter.

Nach dem Nachfalzen die letzten beiden Arbeitsgänge wieder öffnen und das Teil auf die Rückseite wenden.

Nun das Teil so in die Hand nehmen, wie auf dem Bild gezeigt, und zwar mit dem Rand nach unten. Die beiden schwarz markierten Stellen aufeinanderlegen und falten.

Hier sind die zusammengeführten Linien erkennbar. Dieser letzte Arbeitsgang ist für eine gute Standfläche des Bodens wichtig.

Zusammenstecken des Bodens

Für das Zusammenstecken zeigt der Rand wieder nach oben. Das linke Teil wird über das rechte geschoben. Dreimal wiederholen, bis alle vier Teile verbunden sind.

Achten Sie darauf, daß das linke (im Bild: rote) Teil unter die kleine vorstehende Ecke auf der Außenseite des rechten (im Bild: grauen) Einzelteils zu liegen kommt.

So sieht – von innen und außen – der fertige Boden aus. Wenn Sie nicht nur zwei, sondern vier Farben verwenden, wird das innere Muster noch interessanter.

Faltanleitung hohe Viereckdose (Deckel)

Viermal arbeiten

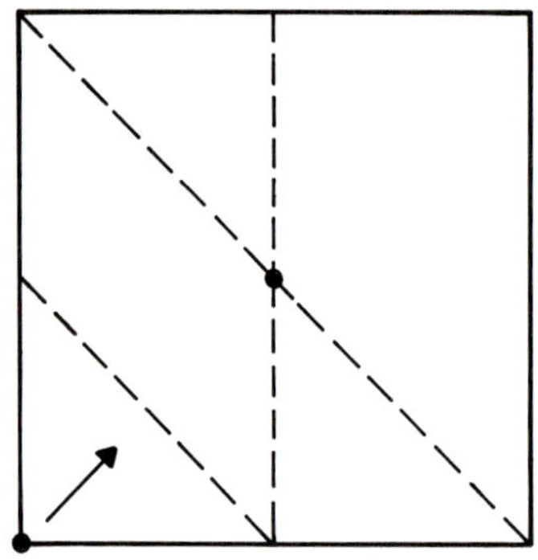

1. Zunächst eine waagerechte Linie in der Mitte, dann eine Diagonallinie falten und wieder öffnen. Dann Punkt auf Punkt legen, falten und wieder öffnen (3 Faltvorgänge).

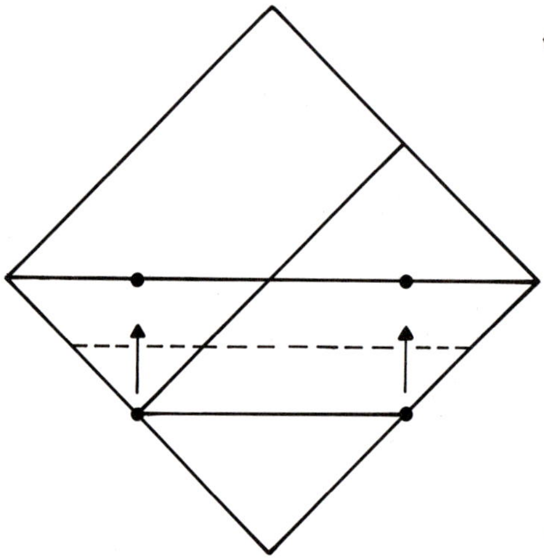

2. Punkt auf Punkt legen, falten und liegen lassen.

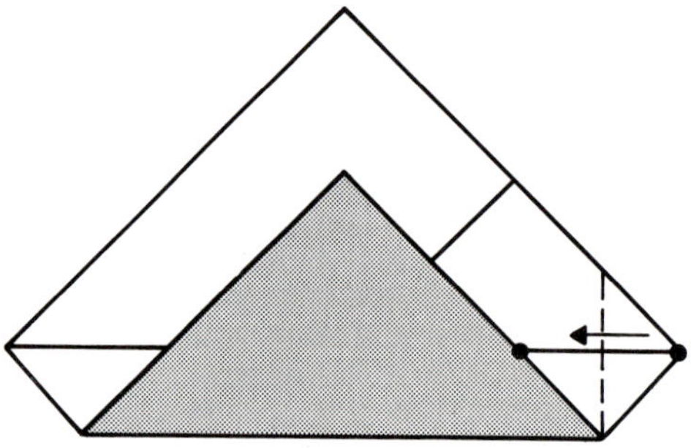

3. Die rechte Ecke Punkt auf Punkt legen, falten und liegen lassen.

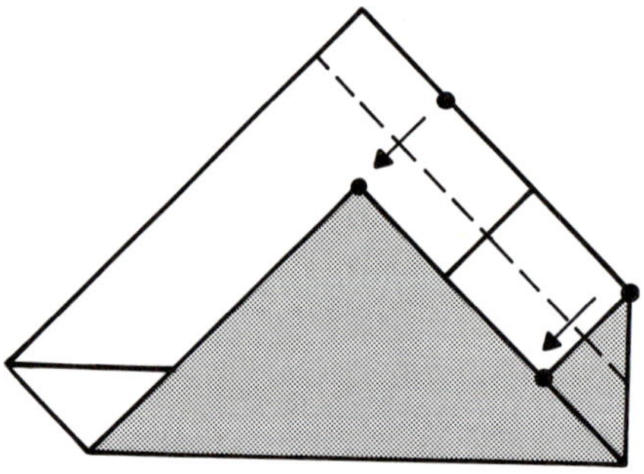

4. Punkt auf Punkt legen, falten und wieder öffnen.

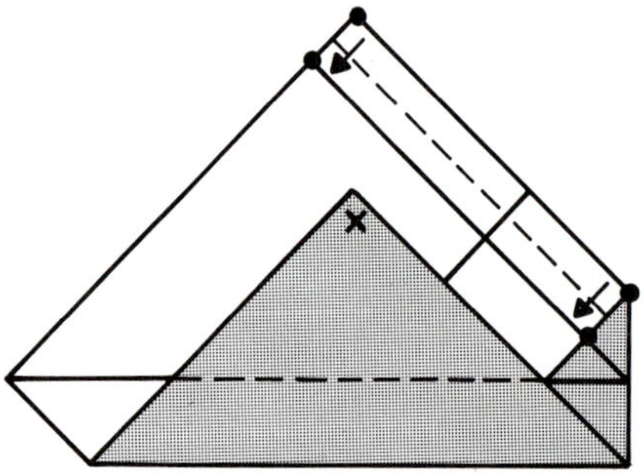

5. Punkt auf Punkt legen, falten und liegen lassen. Die waagerechte Diagonale nochmals falten und wieder öffnen. Die mit einem Kreuz markierte Spitze nach unten legen und das Blatt wenden.

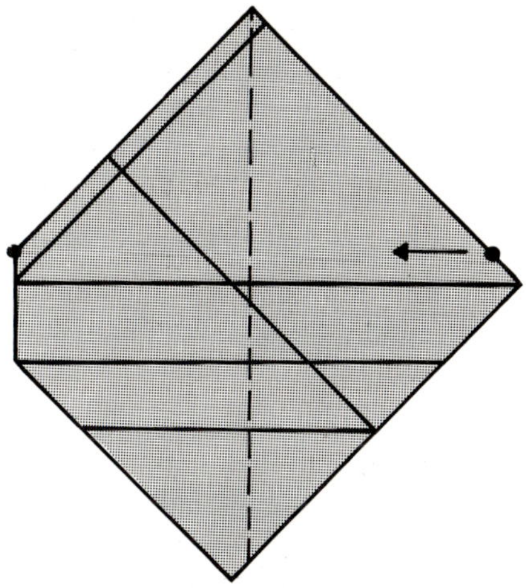

6. Punkt auf Punkt von rechts nach links legen, falten und liegen lassen.

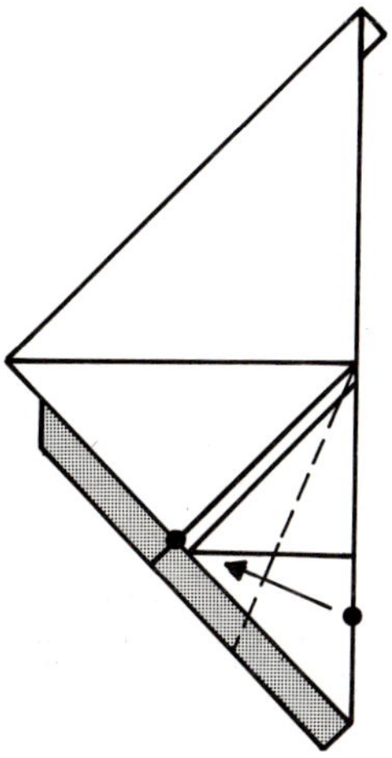

8. Punkt auf Punkt von rechts nach links legen, falten und wieder öffnen. Um 180° nach links drehen, öffnen und auf die Rückseite wenden.

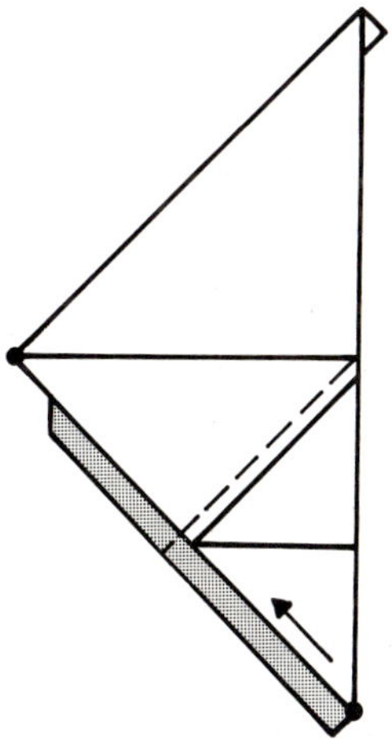

7. Punkt auf Punkt von unten nach oben legen, falten und wieder öffnen.

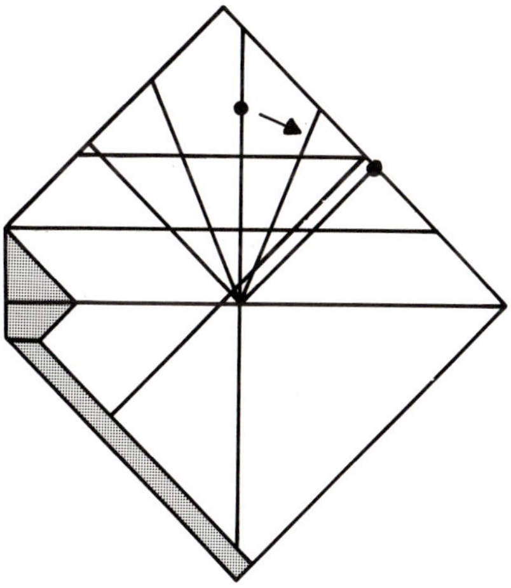

9. Punkt auf Punkt von links nach rechts legen und liegen lassen.

Formen des Deckels

Nach Schritt 9 des Faltvorgangs sollte das Einzelteil so aussehen. Die Schräge für den Deckelrand wird nun in der Hand gearbeitet.

Dazu wird die mittlere waagerechte Linie nach unten gelegt. Es muß darauf geachtet werden, daß der umgelegte – nun verdeckte – Winkel nur in einer Richtung liegt.

Wie auf dem Bild gezeigt, wird jetzt die obere waagerechte Linie so weit auseinandergezogen, bis sie auf der unteren waagerechten Linie liegt. Beide Papierteile sollten glatt aufeinanderliegen.

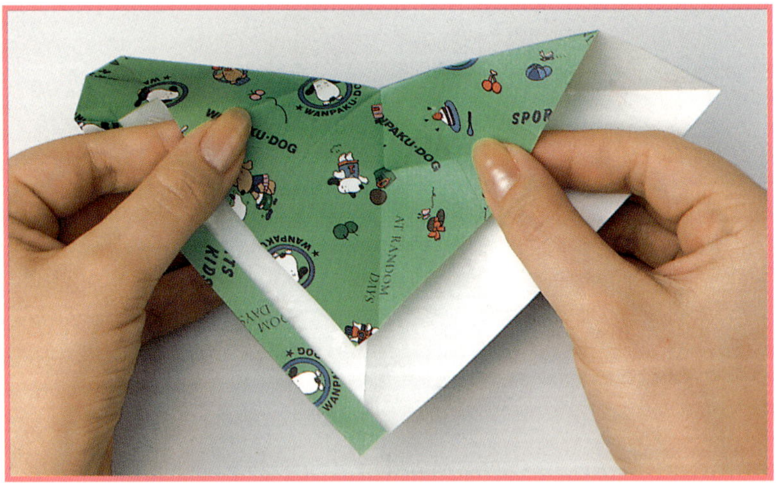

Danach wird das Einzelteil an der senkrechten Mittellinie zusammengelegt. Die äußeren Linien nochmals nachziehen.

So sollte das zusammengelegte Teil aussehen, bevor sie mit den jetzt folgenden weiteren Faltschritten fortfahren.

Faltanleitung nach dem Formvorgang
(Seite 58/59)
Deckel hohe Viereckdose

1. Punkt auf Punkt von unten nach oben legen, falten und liegen lassen.

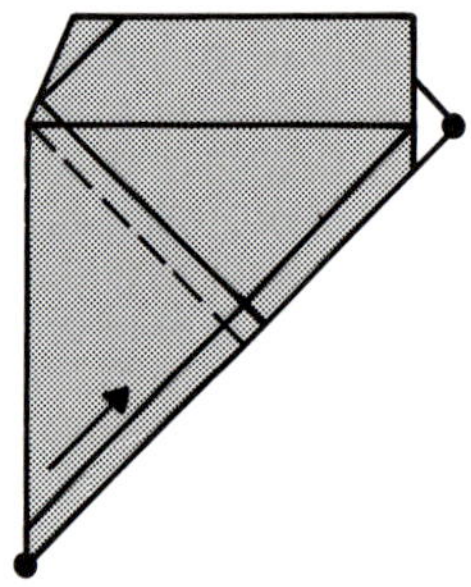

2. Die nach oben gelegte Hälfte auf die untere Linie Punkt auf Punkt legen, falten und liegen lassen.

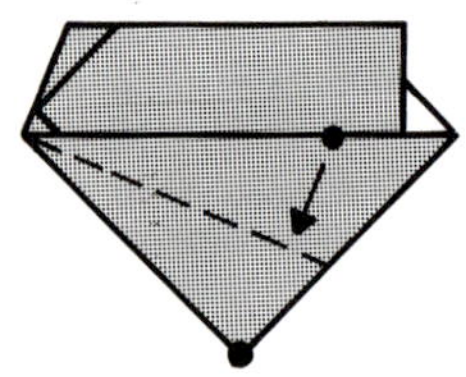

3. Punkt auf Punkt legen, falten und wieder öffnen.

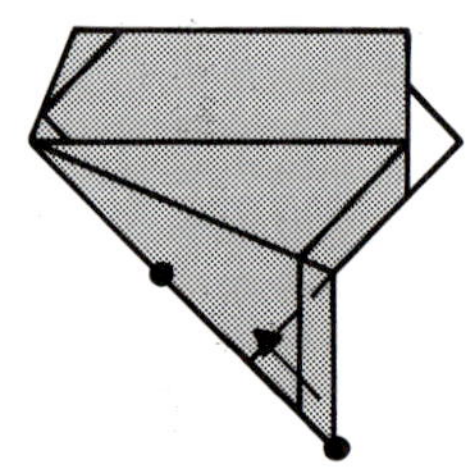

4. Punkt auf Punkt von oben nach unten legen, falten und liegenlassen. Nun die Linie Schritt 3 wieder zurücklegen.

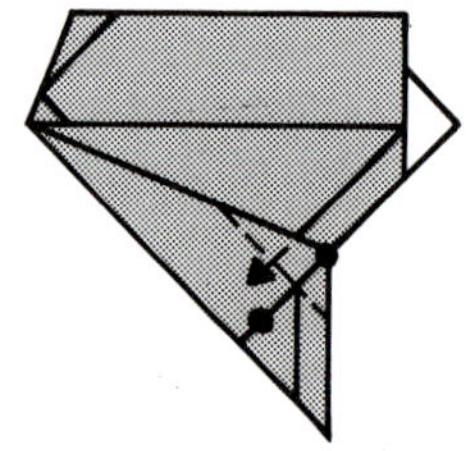

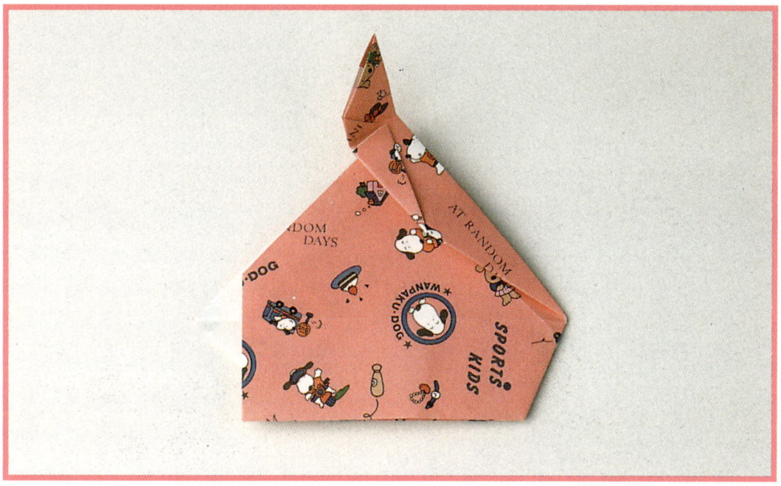

Nach den letzten vier Faltvorgängen muß das Einzelteil so aussehen. Es wird jetzt nur noch in der Mitte geöffnet.

Damit der Deckel die optimale Form erhält, müssen die Ränder des jeweiligen Einzelteils nach dem Öffnen nochmals nachgefalzt werden. Im Bild das fertige Einzelteil von innen und außen.

Zusammenstecken des Deckels

Der Deckelrand muß beim Zusammenstecken zur Arbeitsfläche hin gehalten werden. Das rechte (im Bild: rote) wird immer über das linke (im Bild: grüne) Einzelteil geschoben.

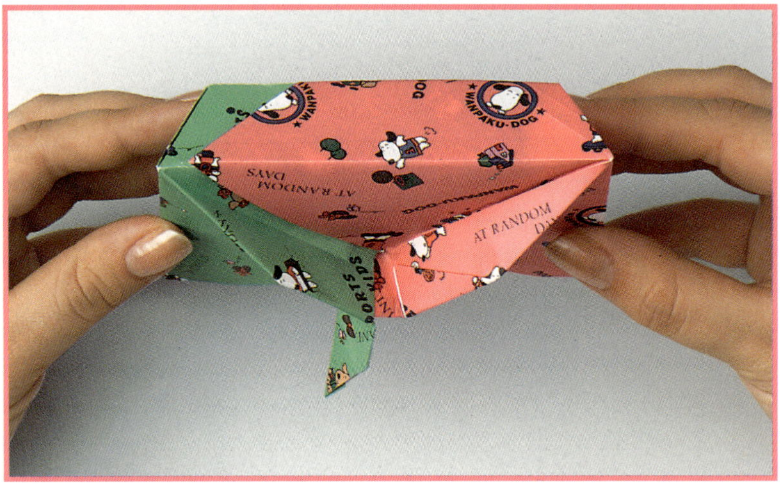

Gleichzeitig muß in der Mitte die Spitze des rechten (roten) Teils in die Erhöhung des linken (grünen) Teils geschoben werden. Von der Innenseite, wie im Bild, ist das deutlich zu sehen.

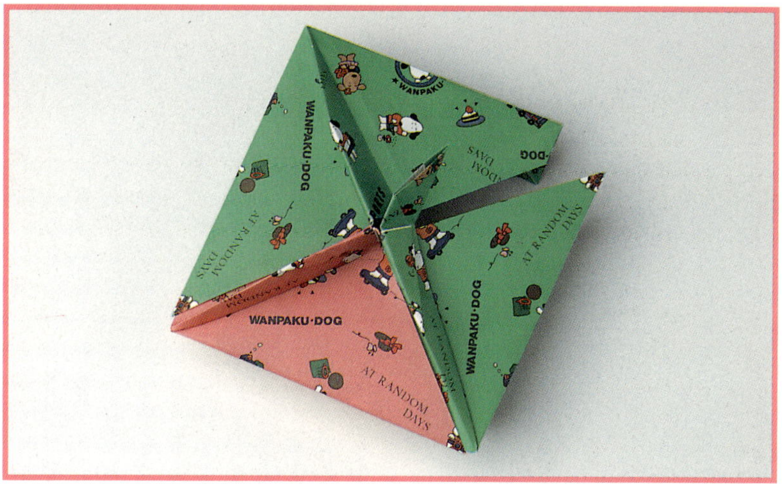

Das dritte Einzelteil wird über das zweite Teil geschoben usw. Für die Spitzen in der Mitte kann auch eine Pinzette zu Hilfe genommen werden.

So sieht der fertige Deckel von außen aus. Die stegartigen Erhöhungen bilden einen Griff, mit dessen Hilfe sich der Deckel bequem abheben läßt.

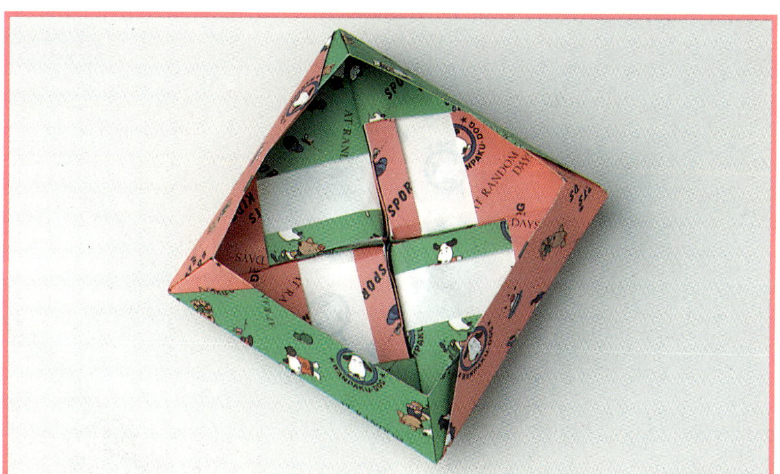

Der fertige Deckel von innen. Sollten die kleinen Spitzen nicht richtig sitzen, müssen sie nochmals mit einer Pinzette nachgezogen werden.

Ravensburger® Creativ

Irmgard Kneißler
Das Origamibuch
Origami – die Technik des japanischen Papierfaltens. Übersichtliche Illustrationen helfen, aus nur 11 Grundformen 95 Faltfiguren zu entwickeln.
ISBN 3-473-42561-3

Irmgard Kneißler
Origami-Kinderbuch
Bunte Papiere falten, Schritt für Schritt erklärt: Hüte, Flugzeuge, Schiffe und wie sich's damit spielen läßt.
ISBN 3-473-37425-3

Irmgard Kneißler
Origami-Papierfalten
Einführung in die Kunst des japanischen Papierfaltens mit vielen Modellen zum Nacharbeiten.
ISBN 3-473-45666-7

Nedim Sönmez
Ebru
Marmorpapiere
Geschichte, Handwerk und Kunst von Ebru-Marmorpapieren mit ausführlicher Beschreibung der Marmoriertechniken.
ISBN 3-473-48104-1

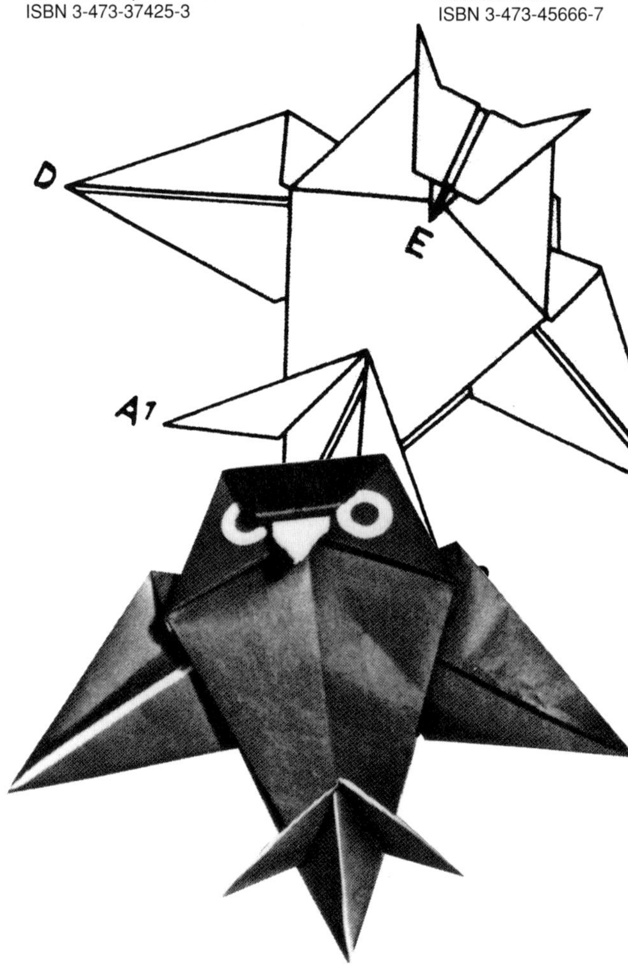

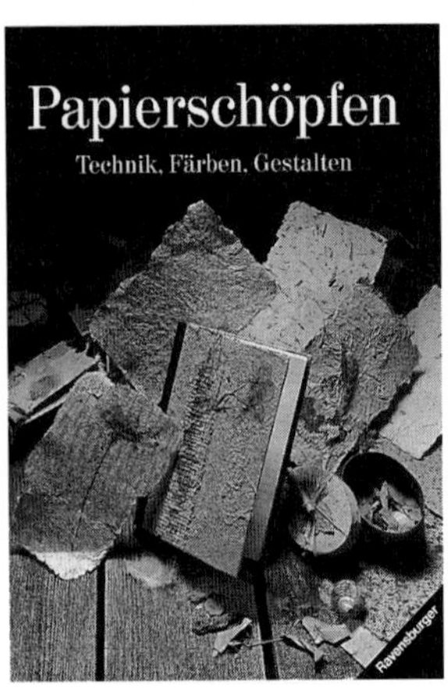

Traudel Hartel
Papierschöpfen
Technik, Färben, Gestalten
Papier-Kreationen aus eigener Herstellung: strukturiert, gefärbt, gestaltet. Mit vielen Anwendungen.
ISBN 3-473-45625-X

Ravensburger®